AF346788

Au Service

d'une

Milliardaire

américaine

Dédié au Dr Juriste Max Schwendimann, qui simplement me sauva la vie.

A lui mes hommages reconnaissants.

E.-L. AMMANN.

ÉMILE AMMANN

Au service

d'une

Milliardaire

américaine

Lettre ouverte à Madame Edith Rockefeller

Souvenirs de son chauffeur

Illustrations de Robert FUZIER

LES ÉTINCELLES

34, Rue des Archives

PARIS

Mᵐᵉ *Edith Rockefeller Mc Cormick*
Lake Shore Drive

Chicago (Ohio)

Madame,

Un jour, je l'espère, vous lirez ce livre. Non point qu'il vous soit plus particulièrement dédié. Mais vous l'avez provoqué.

Lorsque, il y a plus de dix ans, je fus à votre service, j'étais loin de penser qu'un jour je publierais mes mémoires. La vie d'un pauvre hère, d'un aventurier par amour, celle même du chauffeur de la plus riche femme du monde pouvait-elle capter l'attention publique ? Peu m'importait jusqu'au jour où, sur l'instigation de votre amant Krenn, vous avez attenté à mes jours.

Pourquoi, Madame, vouliez-vous ma mort? Pourquoi ordonniez-vous mon enlèvement en plein Chicago? Pourquoi me faisiez-vous enterrer vivant comme fou-furieux dans l'infecte Psychopathic Hospital de votre ville? Pourquoi réclamiez-vous ma détention perpétuelle dans un asile d'incurables? Pourquoi, Madame?

Etait-ce parce que, de longues années durant, je fus à votre service un fidèle chien de garde? Parce que jours et nuits je me pliais à vos extravagances, sacrifiant à vos aises ma famille, mon bonheur et ma santé ? Etait-ce parce que je vous fus dévoué au point d'exposer ma vie pour sauver celle de vos filles Murielle et Mathilde, lors de l'émeute de novembre 1917 à Zurich ?

Ou n'était-ce pas plutôt parce que, dans votre inconscience, vous vous laissâtes subjuguer par votre amant Krenn ? N'était-ce pas plutôt parce que ce jeune fat croyait voir en moi un témoin gênant de vos turpitudes et de ses vices ? Un témoin qu'il fallait supprimer, fut-ce au prix d'un forfait ? J'étais venu à Chicago pour travailler et non pour jaser.

Néanmoins vous avez ordonné mon internement, pensant bien me museler à jamais. Vous aviez pour vous, Madame, le poids de vos millions. J'avais pour moi la raison et l'équité. J'ai forcé la porte de la tombe qui allait se fermer sur moi. Je suis revenu à la vie, apportant avec moi la volonté inébranlable de publier mes mémoires, de dire quels bas moyens sont les vôtres pour supprimer une vie humaine. Moyens puissants, sans doute, puisque, à peine sorti des murs du Psychopathic Hospital de Chicago, je faillis tomber sous les coups de revolver de louches individus un soir, sous l'Elevaed de New-York. Un coup de poignard, quelques semaines plus tard, à bord du steamer « Caroline », de la Compagnie Générale Transatlantique, ne me prouverait-il point aussi que vos ordres savent être suivis ?

Mais vos millions ne peuvent rien contre moi, Madame. Derrière les grilles de la maison de fous de Chicago, j'ai juré que mes mémoires seraient publiés et que vos infamies seront connues. Malgré un boycottage systématique depuis sept ans, mes mémoires paraîtront, traduits dans toutes les langues modernes, expédiés dans le monde entier.

Impitoyablement, Madame, je vous arracherai le masque, et si, dans mon livre, je garde une certaine réserve, c'est par égard à l'homme de bien qu'est M. Rockefeller, votre père.

Vous aviez juré ma mort, juré que je serais muet ma vie durant.

Ce livre vous prouve, Madame, que, tout milliardaire qu'on est, il ne faut jamais jurer de rien.

Fait en Alsace, aux feux de la Saint-Jean, 1930.

EMILE AMMANN.

EN MANIÈRE DE PRÉFACE

Cette œuvre d'un ouvrier, d'un pauvre gars déshérité, mais courageux, demeuré un honnête homme malgré la vie qui ne lui ménagea rien, est poignante comme un mélodrame (cette tragédie pour les humbles).

Cette œuvre n'a pas et ne peut avoir de prétentions littéraires. Elle est vraie, amère, rude et... naïve.

Si Emile Ammann fut durement traité, tout gosse, par les paysans suisses, il ne leur en garde pas rancune.

Si les Yankees vus par Emile Ammann, chauffeur, natif de Levallois (Seine), ne sont pas très admirables, ils sont vrais.

Cette autobiographie si brutale ignore le procédé littéraire, et ces souvenirs d'un très simple ouvrier, qui connut, dans l'Ouest américain, l'Aventure, laquelle, pour lui, ne mit pas ses oripeaux couleur d'espérance, ont l'accent d'Upton Sinclair le Véridique.

Les lecteurs de ce livre, en parcourant les pages d'Emile Ammann, auront devant les yeux le compte rendu honnête de la vie d'outre-Atlantique : tragédies des Buildings, comédies de la rue, mœurs de gens bien habillés, aux dents longues « tout en or ».

Emile Ammann a relaté tout simplement ce qu'il a vu, et c'est prenant, vrai, juste comme une belle toile d'un primitif ingénu et sincère.

Paul LANGLOIS.

PREMIÈRE PARTIE

I

Je suis né le 17 juin 1882 à Levallois-Perret, un jour de malheur sans doute; j'appris par la suite que la sage-femme qui était venue accoucher ma mère avait cassé une grande glace dans la chambre même où je voyais le jour. Est-ce la glace brisée ou la sage-femme? (c'était plutôt cette dernière). Je vins au monde estropié. A l'âge de neuf ans, je ne pouvais pas encore marcher, je me traînais sur le derrière, comme les culs-de-jatte. Ma mère me faisait bien coudre des fonds de culottes en cuir, mais ils ne résistaient guère car, paraît-il, j'étais un terrible traîneur de fesses.

J'ai perdu le souvenir de ce qui s'est passé jusqu'à ma dixième année : je sais que mon grand-père, ma grand'mère et ma sœur aînée sont morts à quelques années d'intervalle. Pour ma mère, je ne l'ai jamais connue vivante « comme tout le monde », je me rappelle ne l'avoir vue qu'au lit. Lorsqu'elle mourut, je n'avais que dix ou onze ans.

Il me restait une sœur, de deux ans plus jeune que moi. A la mort de ma mère, elle fut envoyée dans une « pension » où mon père payait pour elle... huit francs par mois; aussi peut-on s'imaginer ce qu'était cette pension : la pauvre couchait dans une caisse à moitié pleine de sciures de bois, en guise de draps et de couvertures elle avait des sacs de jute.

J'aimais tendrement ma pauvre Blanche, et j'allais la voir souvent. Elle était nourrie des restes de l'ordinaire des casernes, car sa maîtresse de pension était une cantinière!

Pour moi, je marchais toujours sur mon derrière, et j'étais devenu légendaire à Levallois-Perret où l'on me voyait partout, sur les terrains vagues près de la Seine comme sur les fortifs. Mon père, qui ne cessait de s'occuper de mon état de santé, avait consulté des spécialistes, couru tous les hôpitaux de Paris. Plusieurs chirurgiens lui avaient proposé de m'opérer, il ne voulut jamais y consentir, et répondait toujours : « Mon enfant *doit* guérir sans opération. » On m'a raconté qu'un jour un chirurgien lui avait affirmé qu'en me coupant les talons mes jambes se redresseraient, et que mon père avait longtemps hésité, mais qu'il finit, cette fois encore, par refuser.

Un beau jour, le premier mystère de ma vie se fit, je me mis à marcher comme tout le monde. Guérison miraculeuse? Guérison mystérieuse en tous cas, et qui fit grand bruit dans tout le quartier.

Des voisines prétendaient que c'était un vœu de ma mère à son lit de mort qui s'accomplissait enfin; d'autres affirmaient que c'était un miracle de Notre-Dame de Lourdes; celles qui n'étaient pas bien avec nous accusaient mon père d'avoir une puissance occulte et dangereuse pour le quartier.

J'ai pensé, je pense encore très souvent à ma guérison, mais je n'en puis pas établir les causes miraculeuses.

Mon père était protestant, ma mère catholique, mais aucun des deux n'était pratiquant, et je ne fus pas baptisé; par conséquent, je ne crois pas avoir été guéri comme on pourrait le dire d'un croyant, par la foi des miens. Mon père était très aimé à Levallois où l'on ne parlait de lui qu'en disant : le brave père Ammann.

Tout ce que je puis dire à propos de ma guérison, c'est que je me rappelle parfaitement

que, durant toute mon enfance et jusque vers
l'âge de dix ans, je me déplaçais en me traînant
sur mon derrière, et que, tout d'un coup, je
me suis mis à marcher comme les autres
enfants. Je n'ai aucun souvenir d'une période
intermédiaire pendant laquelle j'aurais appris
à marcher. Comprenne qui pourra. N'ai-je pas
vu l'aîné de mes deux fils, après un terrible
accident, condamné par les docteurs à rester
boîteux pour la vie, et le voir marcher aujour-
d'hui comme s'il n'avait jamais rien eu!

Après ma guérison, je devins un enfant terrible, le terrible entre les terribles. Mon père,
qui m'aimait à la folie, me permettait tout. Je
devins la terreur des enfants de mon âge et,
seul à la maison, j'en profitais.

Je faisais, bien entendu, l'école buisson-
nière, en été surtout, où je passais mes journées entières sur les berges de la Seine. Je crois
que, si je suis resté dix ans sans pouvoir marcher, j'ai dû toujours savoir nager, car la première fois que je me mis à l'eau, je nageais
comme un poisson. La natation était pour moi
le plus grand des plaisirs, et j'avais à peine
onze ans que je traversais la Seine tout habillé.
J'avais une petite clientèle qui s'intéressait à
mes exploits, et je me rappelle avoir ainsi gagné
près de dix francs dans la même journée ;
c'était pour moi une fortune. Encouragé par
mes succès, quelques mois plus tard, je me

jetais dans la Seine du haut du pont d'Asnières, et voici comment l'idée m'en vint.

Un jour, un monsieur très bien habillé me dit : « Si tu te jettes à l'eau tout habillé, je te donne un franc. »

Je lui répondis : « Donnez-moi d'abord le franc, et je sauterai ensuite. » Ce qu'il fit. Pour moi, je n'étais pas très tranquille, j'avais même peur; mais, après une petite hésitation, je sautai carrément; et, dès ce jour même, je répétai l'exercice plusieurs fois.

A quelques semaines de là, je me mis à varier mes tours. Devant ma clientèle habituelle, je me jetais du haut du pont, mais les jambes liées, puis jambes et mains attachées; enfin, je me faisais enfermer dans un sac que j'avais truqué pour la circonstance en remplaçant la couture en ficelle par une couture légère en fil. Mais, bien que devenu très adroit, je faillis une fois rester au fond de l'eau. J'avais, ce jour-là, sauté trop près des piliers, je touchai le fond, et me sentis accroché par mon sac à une ferrure quelconque : je n'en menais pas large, car, dans ce « métier », il ne faut pas perdre de temps. Je réussis à me dégager du sac, qui resta accroché, et à remonter : il était temps, car j'avais déjà bu « une tasse ». Je dois dire que « mes » spectateurs avaient eu aussi peur que moi.

Pour finir ma journée, je voulus me baigner pour mon plaisir, et je laissai tous mes vêtements sur la berge. Quand je repris pied, ils avaient disparu, avec ma recette de la journée, et je dus attendre la nuit pour rentrer, vêtu d'un paletot que m'avait prêté un marinier.

Ce fut la première fois que mon père me punit. Il m'enferma pour la journée dans une cabane à outils qui était au fond du jardin. La porte fermait au verrou et n'avait qu'une petite lucarne. La journée me parut longue, si longue que j'essayai de m'évader en forçant la porte; mais elle était trop solide. Je cherchai alors autour de moi et trouvai un manche de pelle que je passai par la lucarne, et avec lequel je pus arriver, en tâtonnant, à pousser le verrou : j'étais libre. Mais le soir, au lieu de rentrer avant que mon père fût à la maison, je revins à la nuit, pour m'entendre dire que je recommencerais ma peine le lendemain avec un bon cadenas à la porte.

Instruit par l'expérience, je filai par le toit, après avoir déplacé quelques tuiles, mais j'eus soin de rentrer à temps pour réintégrer ma prison et tout remettre en place, si bien que mon père ne s'aperçut de rien et m'ouvrit la porte, croyant me rendre la liberté.

Je grandissais ainsi sans surveillance et sans instruction. Tous les jeudis après-midi, « *ceux* » de l'école laïque de la rue Marjolin se réunissaient pour aller faire la « guerre » contre « *ceux* » des écoles des frères. J'étais, souvent, le chef des laïques et je les entraînais à la bataille; nous étions armés de bâtons, de pierres, et nous avions même, il me faut l'avouer, quelques coups-de-poing américains. Nous étions « en guerre » avec les « curés », comme nous les appelions, mais également nous allions nous battre, sous le pont du chemin de fer de Clichy, avec les écoliers de cette commune. Nous étions assez souvent les vainqueurs, ce qui ne nous empêchait pas de rentrer à la maison en plus ou moins piteux état, et l'on dut, un jour que j'avais reçu une pierre à la tempe, me ramener chez mon père assez durement touché.

Je passais ainsi mon temps à faire les plus mauvais tours et les pires « bêtises », mais, si je commençais à devenir une *petite gouape*, je puis dire que le « *fond n'était pas mauvais* » ! J'adorais mon père, et très souvent j'allais le chercher à la sortie de son atelier. Il travaillait alors à Bois-Colombes, ce qui représentait bien pour moi une heure de marche.

Quelquefois, je passais chercher ma petite sœur à sa pension et nous partions ensemble à la rencontre du père; c'était le plus grand plaisir que nous puissions lui faire, à notre pauvre vieux. Il était, en effet, resté très affecté de la mort de notre mère. Sa santé commençait à s'altérer, quoiqu'il fût taillé en athlète et doué d'une force peu commune. Tous les dimanches matins nous allions ensemble au cimetière sur la tombe de la chère disparue et là je voyais son visage se crisper de douleur silencieuse, et de grosses larmes rouler sur ses joues.

La neurasthénie le guettait.

Un jour, plus las que de coutume, il décida de m'envoyer à mon tour en pension; il choisit un orphelinat qu'on lui avait recommandé, à Arras.

Evidemment, il croyait bien faire, et bien souvent déjà, il m'avait dit: « Mon petit Emile, tu n'as plus de maman et moi je ne peux pas assez m'occuper de toi : il faut que je t'envoie dans une pension où tu puisses être soigné, et que tu apprennes tout de même à lire et à écrire. »

Ah! mon cher père, si tu avais su quel martyre j'allais souffrir dans cette pension, tu m'aurais gardé près de toi.

Je partis donc un matin par la gare du Nord à destination d'Arras. A peine arrivé à l'orphelinat, je tombai dans une crise noire de nostalgie. Je ne cessais de penser à mon père ni de pleurer jour et nuit. Outre ce désespoir enfantin, mais déjà cruel, la pension, à 15 francs par mois, laissait forcément à désirer. Je souffrais de la faim, de la soif, du froid en hiver et du manque d'hygiène. Les supérieurs n'étaient pas méchants, mais ils manquaient de moyens : la nourriture ne suffisait pas, et les aliments étaient « sans force ». On nous donnait bien de la viande deux fois par semaine : le dimanche et le jeudi, mais la portion était tellement réduite que nous en avions à peine le goût. Le plus souvent, nous avions de la soupe et des pommes de terre en robe de chambre.

En été, nous souffrions beaucoup de la soif. A l'heure des repas, on nous donnait un petit gobelet de bière que nous avalions à peine entrés au réfectoire; il était défendu de boire de l'eau, et comme aucun robinet n'était à notre disposition, force nous était bien d'obéir.

Il n'y avait aucun lavabo ; le matin, notre toilette s'opérait dans la cour, où l'on apportait des baquets; le savon était inconnu, et un drap faisait office de serviette pour toute la classe, qui comptait environ cinquante élèves. En été, on se jetait sur ces baquets pour boire, et c'était curieux de voir cette ruée vers l'eau bienfaitrice, car les derniers arrivés étaient obligés de la boire telle qu'elle était ! Je me souviens de certains jours où, n'étant pas arrivé dans les premiers, elle était tellement trouble qu'on ne voyait pas le fond du baquet! Pour éviter cette privation, je tâchais d'aller à la corvée de pommes de terre : ces jours-là, je

buvais à ma soif, en puisant dans le récipient
où l'on jetait les pommes de terre épluchées.

Le jeudi et le dimanche après-midi, il y
avait promenade à la campagne, et, en traver-
sant la ville, nous rencontrions quelquefois des
ruisseaux où coulait l'eau claire : quel délice
pour nous de boire cette eau si appétissante !
Mais il ne fallait pas se faire remarquer, car
la promenade suivante était supprimée pour
celui qui se faisait pincer.

En hiver, nous avions les mêmes vêtements
qu'en été : aussi, le froid nous faisait souffrir,
surtout la nuit, avec nos petites couvertures,
dans les dortoirs jamais chauffés.

La maladie aussi régnait en permanence
dans cet orphelinat : deux de mes petits camarades moururent la même année; moi-même je
tombai malade.

Le docteur qui avait été appelé pour me soigner, après m'avoir observé quelque temps,
me dit un jour :

— Enfin, qu'as-tu? Que ressens-tu?

Je lui répondis : « Je ressens que je veux
voir papa ! »

Par la suite, le directeur écrivit à mon père
qui, quelques jours après, vint me chercher ;
j'étais resté dans cet orphelinat environ deux
ans et demi.

Mon retour auprès de mon père marque
l'époque la plus heureuse de mon enfance :

hélas ! elle ne devait pas durer longtemps. Je le chérissais, et j'avais tant de bonheur à le retrouver que je ne le quittais plus. Je travaillais avec lui, et sans grandes difficultés, car il était seul dans un atelier spécial où il travaillait pour le compte d'un Anglais qui s'occupait de découvertes. Les jours coulaient ainsi, doucement, lorsqu'un soir, après souper, mon père se mit à remuer sa chaise et à boire deux ou trois verres de vin, ce qui ne lui arrivait jamais à la maison ; puis il toussa et me dit :

— Mon petit Emile, tu es encore très jeune, ta sœur est encore plus jeune que toi : il vous faut une autre maman.

Je ne répondis rien et réfléchis à cela toute la nuit ; le lendemain, j'allai porter la nouvelle à ma sœur, qui était encore en pension chez la cantinière, et j'en discutai ferme avec elle. Les jours passèrent dans une gêne pénible ; un soir, enfin, je fis la connaissance de ma future belle-mère.

Je la vois encore aujourd'hui telle que je l'aperçus ce jour-là : c'était une femme d'une beauté remarquable, avec une chevelure magnifique, digne de celles qu'on voit exposées aux devantures des grands coiffeurs pour dames ; ses yeux étaient perçants et noirs comme du charbon, sous des cils longs et soyeux ; si, en ce temps-là, les concours de beauté avaient existé, il est certain que mon père et ma future belle-mère auraient gagné un premier prix. C'était ce qu'on peut appeler un beau couple.

Oui, pauvre père, tu as pensé bien agir en te remariant afin de nous donner une autre mère ; quelle erreur n'as-tu pas commise ! D'ailleurs, ne l'as-tu pas toi-même reconnu quelques jours avant que tu ne quittes ce monde ? Dans la dernière lettre que tu m'as écrite, ne me disais-tu pas que, si tu ne t'étais pas remarié, ma sœur ne se serait pas suicidée, ni moi parti au loin, et qu'au lieu d'être séparés, tu aurais encore la douceur de nous avoir tous les deux auprès de toi?

Tu me faisais aussi promettre que je resterais toute ma vie un honnête homme : cher père, j'ai tenu ma parole. Voici que j'ai atteint le même âge que toi lorsque tu as quitté ce monde pour aller dans un meilleur, paraît-il, et je suis resté strictement honnête ; j'ai eu une vie aventureuse, semée d'obstacles et d'embûches, j'ai commis des fautes, mais, malgré ces fautes, je peux regarder quiconque bien en face et sans baisser les yeux. La mort t'a enlevé à quarante-deux ans : j'ai atteint cet âge, et ce que je fais ici, poussé par le démon de la confession des hommes, c'est aussi la confession de ma vie. Mais si je dois vivre plus longtemps, l'honnêteté que tu m'as fait promettre, et que sur ta tombe j'ai juré de garder, me restera sacrée jusqu'au jour où j'irai te rejoindre.

Lorsque mon père fut remarié, contrairement à mes espérances, la vie devint plus pénible, tant pour mon père et ma sœur que pour moi. Ma belle-mère se montrait cruelle et particulièrement pour ma sœur et moi : il ne pouvait pas en être autrement, car elle n'aimait pas les enfants ; j'avais entendu dire, en effet, qu'elle avait été une fois divorcée, et qu'à son deuxième mariage elle était restée veuve avec un enfant qu'elle avait laissé mourir faute de soins. Ce sont des choses que je n'ai pu contrôler, mais je puis affirmer qu'après la mort de mon regretté père, elle a vécu en concubinage avec un homme qu'elle m'a présenté elle-même plus tard.

Il y avait souvent dispute entre nous : elle m'accusait d'être gourmand, menteur et paresseux, bien à tort, comme on verra. Je ne pouvais pas être gourmand, car ma belle-mère me donnait à peine ce qui me suffisait pour ma nourriture ; je ne me rappelle pas lui avoir jamais menti. Quant à être paresseux, c'était pure calomnie de sa part, car j'avais à cœur de travailler très fort pour rapporter le plus d'argent possible à mon père ; d'ailleurs, mes patrons étaient très satisfaits de mon travail. En ce temps-là, j'étais employé chez un épicier et marchand de café en gros de Levallois-Perret où, quoique très jeune, j'étais relativement très bien payé. En plus de cela, la fille de mon patron était très bonne, et ma belle-mère recevait d'elle tous les articles d'épicerie dont elle avait besoin, gratuitement ; elle ne se gênait d'ailleurs pas pour demander beaucoup.

Quoi qu'il en soit, je ne m'accordais pas avec elle ou, si l'on veut, plus exactement, ma tête ne lui revenait pas. Un jour, au cours d'une dispute, elle me frappa avec le tisonnier, qui me fit une profonde blessure à la tête.

Cette vie ne pouvait durer. Mon père, sans doute, avait bien pitié de moi, mais, à tort ou à raison, il ne disait rien. Tout ce qu'il osait faire lorsqu'*elle* me mettait au pain sec et à l'eau — cela arrivait souvent — enfermé dans le cabinet de débarras, c'était de m'apporter à manger en cachette.

Ma sœur était toujours en pension chez la cantinière : mon père pensait qu'elle était encore mieux là qu'à la maison, et certainement il n'avait pas tort !

Entre temps, ma belle-mère suggéra à mon père l'idée de m'envoyer en Suisse ; j'étais alors âgé de quinze ans.

Un soir, je pris le train à la gare de l'Est pour Bâle ; mon père et ma belle-mère m'accompagnaient à la gare. Quelques instants avant le départ, ma belle-mère se mit à me secouer par le bras en me disant : « Et si tu ne te comportes pas bien là-bas, je t'enverrai dans une maison de correction ! »

Mon père monta avec moi dans le wagon ; il avait les larmes aux yeux. Il m'embrassa, me donna cinq francs en cachette, et me dit : « Emile, n'oublie pas ton père. »

Je ne devais plus le revoir.

Ma belle-mère m'avait donné deux francs comme argent de poche ; elle m'avait préparé ma valise, qui contenait deux ou trois mouchoirs de poche, deux chemises, une casquette, un vêtement de travail, une paire de chaussures et un peigne.

A Bâle, je dus changer de train pour aller à Zurich ; là, nouveau changement pour Frauenfeld, où j'arrivai le lendemain soir. Il fallait, là, prendre un petit train à voie étroite, mais il n'y avait pas de correspondance avant le matin, et, comme je ne voulais pas écorner ma fortune de sept francs, je passai la nuit dehors. Enfin, vers huit heures du matin, je touchai au but de mon voyage : c'était à Matzingen, petit village de Thurgovie ; j'étais harassé de fatigue après ces deux nuits de voyage.

Selon les instructions que j'avais reçues, je devais me présenter au maire du village : il me reçut, et me fit savoir, en allemand, que mes parents m'avaient envoyé à Matzingen parce que j'étais un « garnement ». C'était évidemment ma belle-mère qui avait organisé tout cela. En tout cas, le maire me dit qu'il agirait en conséquence, et, séance tenante, il me conduisit chez le paysan qui devait m'employer.

En voyant cet homme qui me faisait peur, et en réfléchissant aux conséquences des renseignements fournis sur moi, je ne pus me retenir de pleurer. C'était trop injuste, aussi, et ma belle-mère était une mauvaise femme ; car, enfin, depuis ma sortie de l'orphelinat d'Arras, j'avais été un bon garçon, je travaillais et j'obéissais volontiers, je n'étais pas un voyou.

— Allons, ouste ! me dit le paysan ; on ne vient pas ici pour pleurer, mais pour travailler.

Je me mis donc au travail, le ventre creux. La journée fut très dure, car je n'étais pas habitué aux travaux de la campagne, et dès le soir, j'avais des ampoules aux mains, j'étais mort de fatigue et j'attendais avec impatience l'heure d'aller me coucher : j'avais, durant toute la journée, chargé des tombereaux de fumier pour les emmener dans les champs. Enfin, vers les neuf heures du soir, mon nouveau patron me montra mon lit.

J'étais à peine déshabillé qu'un homme ivre, sale et dégoûtant, entra dans la chambre. Il sentait l'alcool de loin. Il se déshabilla et vint se coucher vers moi, avec sa barbe dégoûtante, et grommelant dans un jargon que je ne comprenais pas. Alors j'eus vraiment peur et je sautai hors du lit. Aussitôt il appela le patron qui monta dans notre chambre.

— Tu vas te coucher là tout de suite, me cria-t-il brutalement, ou sinon je saurai bien t'y forcer, et de la belle manière !

Je me couchai donc tout au bord du lit : l'ivrogne ne tarda pas à ronfler ; alors, je me levai tout doucement, et j'allai me coucher dans un autre lit qui se trouvait dans la même chambre. Mais, comme il n'avait ni draps ni couvertures, je mis mes effets sur moi pour ne pas avoir trop froid.

Le lendemain matin, vers cinq heures, mon patron entra dans la chambre pour me réveiller. Lorsqu'il me vit couché dans ce lit, il se mit en fureur et, après m'avoir couvert d'injures, me donna une si formidable gifle que mon oreille « siffla » un long moment, et que, depuis, j'entends mal du côté droit.

La nourriture n'était pas mauvaise, mais insuffisante. Je ne mangeais pas à ma faim, si bien qu'un jour j'allai chez le charcutier du village pour acheter un cervelas afin de satisfaire mon appétit. Je ne sais pas comment mon patron en fut averti, toujours est-il que ce jour-là je reçus une deuxième gifle aussi bien « tassée » que la première.

Au milieu de tous ces mauvais traitements, mon chagrin s'augmentait encore en pensant à mon père et à ma sœur. En effet, mon père m'avait écrit pour me demander de mes nouvelles, et il me faisait savoir par la même lettre que ma sœur était maintenant à la maison, sa santé n'étant pas très bonne ; lui-même se portait assez mal. Cette lettre m'attrista beaucoup; je voyais mon père malade, ma sœur malade et, peut-être elle aussi, martyrisée par la belle-mère ; de mon côté, ma santé n'était pas brillante non plus. Je travaillais trop pour mon âge, sans compter les coups qui ne manquaient pas.

Un jour, à bout de forces, j'allai me plaindre au pasteur du village. Je lui racontai mon histoire et lui dis toute la vérité, que j'étais maltraité par le paysan et que le travail était trop dur pour mon âge. Il s'occupa de moi et me fit placer chez le charron ; mais, quelques semaines plus tard, mon nouveau patron déclarait que j'étais trop faible pour rester chez lui.

Il n'avait pas tort, car je ne pouvais pas, à moi tout seul, faire tourner la grosse scie circulaire. Force fut de me chercher un autre emploi, et ce fut grand dommage, car ce patron était bon et humain.

Le maire du village, ne sachant que faire de moi, fit passer une annonce dans un journal du canton. Trois jours après, j'étais placé à nouveau chez un paysan qui avait ses terres dans le canton de Zurich.

Ce patron a été encore plus cruel que le premier. Il n'y avait pas huit jours que j'étais à son service quand j'attrapai des rhumatismes aux pieds. Je souffrais cruellement, et un matin, j'avais les pieds tellement enflés qu'il m'était impossible de me tenir debout. Je dus rester couché. Voyant que je ne descendais pas de ma chambre, le paysan monta, m'arracha du lit, me pris à bras-le-corps, et se mit à cogner mes pieds malades en disant : « Ah ! ah ! On ne veut pas travailler. Ah ! ah ! on a des rhumatismes ! Tiens, voilà pour les rhumatismes, c'est comme cela que nous les guérissons ! »

On me retrouva évanoui par terre. C'est sa femme qui vint me relever. Bonne personne, elle me soigna de son mieux en se cachant de son mari qui, comme elle le disait elle-même, était une brute. C'était un fait, et tout le village détestait cet homme qui se montrait dur non seulement envers ses semblables, mais aussi envers les animaux.

Au bout de quelques jours, bien qu'à peine guéri, je me remis au travail, mais ce ne devait pas être pour longtemps. Un dimanche que je jouais avec des camarades à préparer une fête locale, nous chargions des pétards avec de la poudre lorsqu'un de ceux-ci m'éclata en pleine figure. Mes cheveux, mes cils et mes sourcils furent complètement brûlés, et j'eus les yeux atteints. On me transporta aussitôt à l'hôpital. Pendant un mois on craignit pour ma vue, et les docteurs n'osaient se prononcer. Cependant, après trois mois de traitement, je pus faire mes préparatifs de départ. Mais, le jour même où j'allais quitter l'hôpital, une sœur s'aperçut que j'avais de la fièvre et des rougeurs sur la poitrine ; elle courut chercher le docteur qui allait partir, et il diagnostiqua immédiatement la fièvre scarlatine. J'étais encore une fois bien pincé, et la sœur qui me soignait m'a dit plus tard qu'il s'en était fallu de bien peu que, cette fois-là, je n'y laisse ma peau.

Sitôt guéri, j'allai trouver le maire, et je lui demandai de bien vouloir me donner ma liberté, disant que je voulais être indépendant et gagner ma vie tout seul en travaillant en ville.

Il me répondit que, si j'en avais envie, je pouvais aller travailler en ville, mais que ma paye lui serait remise intégralement : lui, par contre, payerait ma chambre et ma pension. Je n'avais pas les moyens de discuter: j'acceptai. C'est ainsi que, pendant plus d'une année, je travaillai pour la commune. Ma pension, ma chambre, mon blanchissage revenaient à trente-cinq francs par mois ; j'en gagnais quatre-vingts, et j'avais deux francs par mois d'argent de poche. La commune faisait donc sur moi quarante francs de bénéfices par mois. Ah ! la vertu suisse !

Cette vie ne me plaisait guère, et je cherchais un moyen de la faire changer lorsque je reçus, un matin, la lettre que m'avait écrit mon père sur son lit de mort. Il y avait joint des coupures de journaux relatant le suicide d'une enfant de quatorze ans : c'était ma pauvre sœur Blanche.

Mon père croyait à sa disparition et ne pouvait admettre qu'elle se fût donné la mort :

« Mon cher fils Emile, m'écrivait-il, ta sœur n'est plus de ce monde, je ne te reverrai pas non plus. Pour moi, je n'ai plus rien à faire ici-bas, mais je voudrais pourtant revoir encore ta sœur, qui était plus douce qu'un agneau ; malheureusement, cette dernière joie ne me sera pas donnée. Je la pleure depuis trois mois et il faut que je meure sans vous revoir.

« Mes dernières pensées vont vers vous, mes chers enfants. Toi, Emile, pense à ton père qui t'a chéri aussi, et reste honnête homme toute ta vie. »

J'appris sa mort le lendemain du jour où j'avais reçu sa lettre ; elle était écrite pourtant d'une main encore énergique, et ne laissait pas prévoir une fin si proche.

Ce fut un coup très dur pour moi, et je ne cessais de pleurer mes deux êtres chers. A chaque instant, je relisais les coupures des journaux racontant le drame et je ne pouvais admettre, moi non plus, que ma sœur ait pu se suicider si jeune.

La police faisait une enquête et n'arrivait pas à connaître la vérité sur la mort de Blanche.

Les uns prétendaient que ma sœur avait été enlevée par des Bohémiens, et c'était aussi l'opinion de ma belle-mère ; mais toutes les voitures de romanichels avaient été fouillées et archi-fouillées, des recherches avaient été faites dans tous les coins de la France. Ma belle-mère fit aussi courir un bruit et plusieurs reporters écrivirent froidement que j'avais enlevé ma sœur pour l'emmener avec moi en Suisse.

Cependant, l'enquête menée par la Sûreté générale apportait un peu de lumière dans ce drame de ma vie. On apprit ainsi que ma sœur avait quitté la belle-mère après avoir reçu des coups violents. Puis on suivait sa trace : elle avait quitté la maison vers cinq heures après-midi ; à cinq heures et demie, elle avait été vue chez un boulanger qui lui avait vendu une galette bretonne. Et ce jour-là, précisément, elle avait été mise en punition au pain et à l'eau. Une heure plus tard, des témoins virent une petite fille se jeter dans la Seine du haut du pont Bineau.

Trois mois après, on retrouva son cadavre près des usines de Saint-Denis. Elle s'était suicidée. Ce fut l'opinion générale. C'est la mienne aussi, la cruauté de notre belle-mère à notre égard expliquerait presque ce geste de désespoir.

Je ne vivais plus que dans une méditation profonde, amère, désespérée. Mon père, que j'adorais, était mort ; ma sœur, que j'aimais profondément, s'était tuée : j'étais maintenant seul dans la vie ; seul et inconsolable, et je n'étais même pas libre de disposer de ma pauvre petite personne, puisque j'étais sous la tutelle d'une commune suisse.

Je résolus de m'enfuir de Suisse, et d'aller à Paris pour visiter les tombes des miens.

Malheureusement, je ne disposais d'aucun argent, puisque toutes mes payes étaient envoyées régulièrement à la commune, et je me demandais si j'arriverais à Paris. J'avais décidé de faire le voyage par étapes, en travaillant en cours de route, et je partis bravement, un beau jour, dans la direction de la frontière française.

Je n'allai pas loin, car si je n'avais aucune ressource, je n'avais pas davantage de papiers, et je ne tardai pas à être cueilli par les gendarmes, qui m'arrêtèrent pour vagabondage, et me réexpédièrent à la commune. Je tremblais à l'idée de paraître devant le maire, mais j'étais tellement malheureux que tout commençait à m'être indifférent, et je résolus de lui parler carrément. Aussi, lorsqu'il eut fini de jeter ses foudres et de me menacer de me faire enfermer dans une maison de correction, quoique tremblant de peur, j'essayai de prendre un air décidé, et je lui dis :

— Monsieur le Maire, je veux maintenant vivre et gagner ma vie moi-même, car je veux absolument aller à Paris pour voir les tombes de mes parents.

Je ne sais s'il fut ému de m'entendre parler de la sorte, mais quelques jours plus tard, il me donna des pièces d'identité et me permit de partir.

Pendant les quelques jours nécessaires aux formalités administratives, le maire me faisait passer mes nuits dans une maison qu'on appelait « la Maison des pauvres ». Ce n'était pas une maison habitée, mais uniquement destinée à loger temporairement les sans-abri, qui allaient demander la clef à la mairie lorsqu'ils voulaient un gîte. Pendant le temps que j'y passai, il y avait aussi un vieillard qui était alité jour et nuit, car il était malade. Il attendait son admission à l'hôpital. Dans la journée on lui apportait à manger. Quant à moi, j'étais nourri chez le maire en récompense du travail que j'exécutais chez lui, où je sciai et fendis son bois de chauffage. L'avant-dernière nuit que je passai à la Maison des pauvres, je fus réveillé par des plaintes et des mouvements insolites du vieillard qui couchait à côté de moi, dans un lit situé près du mien. Le matin, à mon réveil, sa tête reposait sur mon côté gauche et ses jambes pendaient de l'autre côté du lit. Je l'appelai pour le réveiller, mais voyant qu'il ne répondait pas, je voulus dégager sa tête : je m'aperçus alors qu'elle était glacée. Mon compagnon était mort dans la nuit.

Je me levai aussitôt et j'allai prévenir le maire, en lui disant que je ne voulais plus, pour rien au monde, coucher dans cette maison. Le maire fit les démarches usuelles pour faire enterrer le mort, il me donna mes papiers d'identité et me permit de prendre divers effets qui appartenaient au malheureux vieillard. J'héritai ainsi de trois chemises, d'une paire de chaussures, d'un pantalon et de quelques serviettes et mouchoirs. Le tout était en bon état, propre.

Le même jour, je bouclais ma valise et quittais Matzingen pour me rendre à la ville prochaine, Frauenfeld, où j'avais travaillé avant ma fugue, et j'allai demander de l'embauche au même patron qui m'avait employé déjà. Il m'engagea volontiers, car je lui avais donné satisfaction par mon travail et par ma conduite. Je projetais de travailler un mois afin d'avoir à ma disposition une quarantaine de francs, qui me permettraient de « prendre » la route de Paris.

Je recommençai donc mon travail avec beaucoup plus d'ardeur encore qu'à l'ordinaire, et, comme je travaillais aux pièces, j'espérais gagner gros : la fin du mois arriva enfin. Pour la première fois, j'allais être entièrement libre ; pour la première fois, je me sentais heureux. Après avoir réglé ma pension et ma chambre, j'achetai une canne et un sac de touriste où j'empilai mon linge et mes effets, et je quittai, un lundi matin, la ville de Frauenfeld. La distance qui me séparait de Paris était d'environ six cents kilomètres, et je comptais mettre environ quinze jours pour atteindre la capitale.

Mon voyage à travers la Suisse fut assez facile et très économique car, dans ce pays, l'on obtient dans toutes les villes des billets de logement avec nourriture absolument gratuits. En France, ils existent aussi, mais ils sont rares, et ma « fortune » se mit à diminuer rapidement. Je passai ainsi Zurich, Bâle, Belfort, Vesoul et Langres ; jusque-là, tout s'était très bien passé ; je faisais de bonnes « moyennes » journalières, je commençais à être sérieusement entraîné à la marche.

En quittant Langres, un après-midi, sur la grand'route, je fus pris subitement de douleurs aiguës dans le côté, je tombai, ou plutôt je fus obligé de me coucher par terre, ne pouvant plus rester debout. Un paysan, qui passait dans sa voiture, me chargea dessus et m'emmena chez le maire du village voisin. Celui-ci me fit coucher sur un bon lit de paille, dans son écurie, et prévint le médecin. Je me roulais toujours dans des douleurs terribles. Enfin, le médecin arriva : il m'ausculta et me demanda si je n'avais pas bu d'alcool.

Ce n'était pas le cas, je n'en avais pas avalé une goutte depuis mon départ de Suisse. Il rédigea une ordonnance, et les médicaments ne tardèrent pas à arriver. Dans la soirée, les douleurs furent moins vives, et je passai une assez bonne nuit, malgré la fièvre. Je restai dans ce village cinq jours, après quoi, bien reposé, le maire me délivra gratuitement un billet de chemin de fer pour Chaumont. Je le remerciai chaudement des soins qu'il m'avait prodigués et du billet de chemin de fer donné. Il me souhaita bon voyage et meilleure santé ; et je quittai ce brave homme.

De Chaumont, je passai successivement Troyes et Provins, et, un soir, enfin, j'arrivai à Paris. J'avais mis vingt jours en tout pour accomplir ces six cents kilomètres, c'est-à-dire, en déduisant les cinq jours de repos forcé, exactement le temps que j'avais **prévu**, j'avais marché à une moyenne de quarante kilomètres par jour. Beau record pour un amateur.

A mon arrivée à Paris, ayant réservé quelque argent pour acheter des fleurs destinées à la tombe de mon père et de ma sœur, ma bourse était presque vide. Ce soir-là, j'allai coucher dans l'asile de nuit de la rue de Tocqueville.

Le lendemain matin, je me **rendis d'abord** au cimetière de Saint-Ouen où reposait mon pauvre père. Je restai longtemps sur sa tombe où j'avais déposé un humble bouquet de fleurs, à méditer, à prier et à pleurer. Par moments, je le voyais immobile devant moi, tel que je l'avais connu, grand, droit, large d'épaules, avec ses pauvres yeux remplis de bonté, cette lumière.

Après avoir ainsi pleuré, mes larmes s'arrêtèrent d'elles-mêmes et je me sentis soulagé. Je quittai la tombe le cœur douloureux.

Lorsque je rentrai à Paris, la nuit était déjà tombée. Je me dirigeai vers le même asile de nuit que la veille, je mangeai l'assiette de soupe qui m'était offerte et je m'endormis d'un sommeil lourd de peines.

Le deuxième jour, je me rendis à Bagneux, où reposait ma petite sœur Blanche. Après avoir déposé quelques fleurs sur sa tombe, je méditai sur sa courte, sur sa lamentable et déchirante jeunesse, celle des « vaincus de la vie », des « pas assez forts ». Je la voyais couchée dans sa caisse de sciure de bois ; je la voyais lorsqu'elle marchait en me donnant la main pour aller au-devant de notre papa ; je la voyais aussi esquiver les coups de la marâtre. Imaginatif douloureux, je la suivais ce soir dramatique où elle quitta la maison pour n'y plus revenir, j'allais derrière elle chez le pâtissier, puis jusqu'à ce fatal pont Bineau ; je la voyais se jeter à la Seine sans pouvoir la retenir.

Je rentrai dans la soirée et me retrouvai, somnambule conscient, pauvre bête automatique et ridicule, devant la porte de mon asile: j'avais traversé tout Paris. Mais, ce soir-là, je ne m'endormis que très difficilement. J'étais soulevé de haine contre la méchanceté des hommes, je maudissais le mauvais sort, je haïssais ma belle-mère qui fut la cause du drame naïf où, éperdue de douleur enfantine, ma petite Blanche s'était jetée à l'eau. Mon troisième jour fut un véritable pèlerinage passé à Levallois-Perret. Je visitai d'abord la maison où j'étais né. De la rue, je voyais la chambre, la chambre où étaient mortes ma grand'mère, ma sœur aînée et ma pauvre mère, la chambre où je vins au monde estropié, et où j'usai un magasin de fonds de culottes !

L'après-midi, j'allai à Bois-Colombes voir l'atelier où travaillait mon père : la maison était demeurée comme autrefois, l'atelier n'avait pas changé non plus, mais un fantôme cher l'habitait pour moi. En revenant, je passai sous le fameux pont d'Asnières, théâtre de mes exploits d'enfant, et je regardai le fleuve où je m'amusais alors. En repassant à Levallois-Perret, je m'arrêtai devant mon ancienne école et devant la maison de ma belle-mère : je regardai la fenêtre du troisième étage, fenêtre derrière laquelle je devinais l'autre chambre, la pièce de mes deux morts.

Je rentrai éreinté, harassé de fatigue, mais, malgré la haine qui me tenait au cœur, satisfait : mon but était atteint. J'avais mis à exécution le projet que j'avais formé, là-bas, en Suisse, ma conscience était soulagée et tranquille.

Il s'agissait maintenant de songer à la « matérielle » et de se remettre au travail.

Je me couchai donc aussitôt et ne tardai pas à m'endormir profondément.

DEUXIÈME PARTIE

I

Sans perdre de temps, je me mis en quête de travail, résolu d'accepter n'importe quelle besogne pour gagner ma vie. En passant devant un bureau de placement des Ternes, je lus une petite affiche ainsi conçue :

ON DEMANDE de suite, jeune homme intelligent, honnête et travailleur, pour l'entretien d'une automobile.

Bois-Colombes.

J'allai aussitôt me présenter au bureau ; le placeur me donna l'adresse de l'employeur : c'était M. le baron de Guiraud.

Je me rendis chez lui de suite : il m'embaucha à raison de trente francs par mois, logé, nourri et blanchi.

Le baron était un officier supérieur de cavalerie retraité. Il vivait avec sa femme et sa fille, Mme Ferchaux, comtesse de Réaumur. Celle-ci était en instance de divorce et demeurait dans un petit pavillon indépendant de la villa de son père, dans lequel j'avais également ma chambre.

Ces gens étaient ruinés, je m'en étais aperçu dès les premiers jours de mon service, ce qui n'était pas difficile. Le baron donnait des leçons d'équitation dans un manège du quartier de l'Etoile : il avait entre autres élèves M. Carnot, fils de l'ancien président assassiné, qui ressemblait parfaitement à son père : il portait la même barbe noire. C'était la même silhouette en bois, la même rigidité que Caran d'Ache immortalisa.

La comtesse était une femme fort élégante, abusant des fards ; le soir, aux chandelles, elle faisait quelque effet, mais le matin elle était méconnaissable. La lumière du jour ne lui valait rien. Elle avait une intrigue avec un serrurier dont l'atelier était voisin du pavillon séparé par un petit mur mitoyen. Toutes les nuits, le serrurier sautait le mur et allait trouver la comtesse dans le pavillon où, comme je l'ai dit, j'avais ma chambre. Le couple ne se gênait guère et je connus, de son fait, des nuits sans sommeil.

Le baron était sévère, c'était le type même de l'ancien officier, mais ce n'était pas un méchant homme. Ce ménage étonnant était satisfait de mes services ; malheureusement, quand arrivait la fin du mois, le baron avait rarement les trente francs qu'il me devait.

Un beau matin, fatigué de travailler pour la gloire de l'armée démissionnaire et du fard conquérant de jeunesse trompeuse, je quittai mon emploi.

Je me rendis au même bureau qui m'avait procuré cet emploi pour demander une autre place, mais le tenancier me dit qu'il ne me procurerait rien, pour l'excellente raison que ni le baron, ni moi, n'avions payé ses honoraires. Je me mis donc à chercher du travail par mes propres moyens, mais je n'arrivai pas à en trouver et je tombai vite dans la purée noire.

J'eus recours de nouveau aux asiles de nuit ; j'ai couché successivement dans les quatre asiles tenus par les frères des écoles chrétiennes, les deux asiles municipaux et certains autres d'ordre privé : asile israélite, etc. J'ai couché aussi chez Fradin. Ce sont là des souvenirs presque historiques.

Fradin n'est pas connu de tout le monde ; il est légendaire chez les trimards, il fut le sauveur des pauvres gens et des miséreux qui, chassés comme clients trop assidus des asiles de nuit, erraient dans Paris.

Chez Fradin, pour la modique somme de vingt centimes, on avait droit à une soupe et au gîte. L'établissement était ouvert à sept heures du soir, et l'on pouvait, pour ses quatre sous, y rester jusqu'à six heures du matin ; il avait trois étages, uniformes, plus la cave, où les nombreuses tables avec leurs bancs étaient toujours occupés par une multitude misérable. On y dormait assis sur les bancs, ou sur les tables.

Je gagnais ma vie comme je pouvais.

Je fis, à cette époque, bien des métiers. Un jour, j'étais porteur aux Halles Centrales ; l'autre, j'allais aux différentes gares pour décharger ou charger les bagages des voyageurs. J'ai été aussi ramasseur de mégots et vendeur d'arlequins.

Un bon ramasseur de mégots faisait de bonnes journées dans le milieu Fradin. Lorsque j'exerçais cette profession libérale, je n'allais pas me coucher, et j'attendais la fermeture des grands cafés des boulevards. Vers deux heures du matin, ces cafés et brasseries étaient nettoyés et balayés. Je les visitais avec soin. Ils contenaient de nombreux mégots que je ramassais dans ma musette, sans oublier, bien entendu, ceux qui parsemaient les trottoirs. Vers cinq heures du matin, la tournée terminée, j'allais au marché aux mégots qui se tenait au coin de la place Maubert. Là, je décortiquais mes bouts de cigarettes et en faisais deux qualités de tabac, première et deuxième qualité, selon mon choix. Ensuite je faisais mes paquets. La première qualité était enveloppée dans du papier de soie trouvé dans les boîtes à ordures, la deuxième qualité était empaquetée dans du papier de journal ; chaque paquet contenait environ la quantité d'un paquet de caporal, soit quarante grammes environ ; les paquets en papier de soie étaient vendus trente centimes, les autres vingt centimes. Le marché étant très achalandé et les acheteurs très nombreux, les as du métier arrivaient à gagner jusqu'à cinq et six francs par jour ; c'était une fortune pour ces industriels. Un jour j'atteignis la formidable somme de six francs, mais j'avais précédé une tournée attitrée d'un concurrent ; car il faut dire que chaque ramasseur a sa tournée à lui, et si un étranger est pris en flagrant délit de mégotage sur la propriété d'un autre, il y a quelques rounds de boxe.

C'est ainsi qu'une nuit où je voulais faire la place de la République, le « propriétaire » de la place m'attrapa à la gorge et voulut me faire rendre ce que j'avais ramassé. S'il n'y réussit pas, c'est qu'en me défendant je l'avais mis knock-out.

Cette aventure, si elle m'avait valu quelque considération, me fit regarder cependant d'un mauvais œil dans le monde du mégot, où l'on est très strict sur les principes et les traditions. Las du mégot, je me mis à travailler « dans les arlequins ».

On sait encore aujourd'hui ce que c'est qu'un arlequin : ce morceau de journal qui contient des restes de cuisine des restaurants. Parfois il contient aussi des restes trouvés dans les boîtes à ordures et porte alors le doux nom de rossignol. Si la qualité laisse à désirer, la quantité, par contre, est un peu là. C'est ainsi qu'on peut trouver, dans un arlequin, deux ou trois têtes de poissons, une douzaine de haricots, des os de poulets à peine rongés, un morceau de gras ou de couenne, quelques feuilles de salade, des morceaux de pommes de terre et des croûtes de fromage.

Le marché aux arlequins se tenait également « à la Maub' », à côté du marché aux mégots. Il disparut avec la vieille place. Un arlequin était vendu entre six et dix sous, suivant qualité et quantité, et, en ce temps-là, le marchand d'arlequins était un véritable commerçant ; certains avaient cheval et voiture. On achetait, à forfait, la « production » de tel ou tel restaurant, à raison de tant par mois, suivant l'importance de la marchandise. Le vendeur était généralement le « souillard », c'est-à-dire le préposé au nettoyage des assiettes et ustensiles de cuisine.

Je me rappelle avoir passé une fois un marché avec le souillard d'un restaurant du faubourg Montmartre pour dix francs par mois. Ce marché m'a rapporté, pour le mois, une cinquantaine de francs.

Le marché aux arlequins avait une clientèle spéciale, mais assidue. On y voyait aussi beaucoup de ménagères qui avaient leurs vendeurs attitrés chez qui elles venaient faire leurs emplettes.

Ces curieux métiers ne me plaisaient guère, malgré leur pittoresque. Je décidai de quitter Paris.

Pendant mon séjour parmi les « trimards », je m'étais lié d'amitié avec un jeune homme, Suisse d'origine, Henri Mollard, et nous avions décidé tous les deux de faire du grand trimard, autrement dit du grand tourisme à pied. C'était un garçon d'une famille honorable de Fribourg ; il était mécanicien de profession, et nous nous étions promis de ne pas nous quitter et de voyager ensemble à travers le monde entier.

Un beau matin, nous quittâmes Paris pour aller à Marseille, afin de nous embarquer pour les pays merveilleux que nous désirions connaître. En cours de route, nous avions fait tous les métiers : serruriers, porteurs, portiers d'hôtels, terrassiers, manœuvres. Nous arrivâmes ainsi, au bout de quelques mois, dans le Midi de la France. Là, je fus embauché dans un grand théâtre forain, l'Eden-Mondain, appartenant à M. Arlaud, en qualité d'artiste dramatique. Je m'en tirai convenablement, et je pus faire embaucher mon compagnon pour le montage et le démontage de l'établissement, établissement de toile et de bois, bien entendu.

L'Eden - Mondain avait également des artistes acrobates, et, à temps perdu, je m'entraînais à l'acrobatie ; je devais y avoir des aptitudes exceptionnelles, car, peu de temps après, je débutai comme équilibriste et voltigeur au trapèze volant. J'étais même devenu la vedette de l'Eden-Mondain.

Ce que c'est que de nous, tout de même !

Il y avait dans la troupe une danseuse russe charmante, qui était jeune ; je m'épris d'elle et bientôt je devins son ami. Au bout de peu de temps, nous décidâmes de nous unir, ou, en termes de forains, de nous marier avec le pot à colle. Ce genre de mariage est des plus simples : pas de formalités, pas de papiers d'identité. Il suffit de payer à toute la coterie un bon gueuleton avec quelques bouteilles d'aramon, et la pièce est jouée. J'étais donc marié, à la mode de l'Eden-Mondain, et tout semblait bien marcher. Mais, un jour, notre directeur eut « des difficultés financières », et la plupart des artistes quittèrent l'Eden-Mondain pour s'engager dans un autre théâtre où l'on avait, disait-on, une chance d'être payé.

Que faire ? Mon compagnon, le Suisse, en avait assez de la vie foraine et me rappelait sans cesse que nous étions partis pour faire le tour du monde, pour embarquer à Marseille, et non pour faire du trapèze et l'amour à l'Eden-Mondain. Lui rêvait d'être sur mer ; ma danseuse parlait de s'engager ailleurs : une belle nuit, sans avertir personne, nous quittâmes l'établissement et prîmes le train pour Marseille. J'abandonnais ma « femme », et j'en étais peiné, mais j'étais devenu assez philosophe pour comprendre qu'elle s'en consolerait facilement.

Au bout de quelques jours passés à Marseille, nous n'avions plus d'argent. Nous couchions à l'asile de nuit et mangions, avec des bons, au fourneau économique. Pour sauver la situation, je me décidai à faire l'acrobate aux terrasses des cafés de la Canebière et du cours Belzunce ; mon compagnon me servait de manager.

Un jour enfin, jour béni, nous trouvâmes un embarquement, lui comme garçon d'office et moi à la chauffe d'un bateau. C'était à bord du *Schleswig*, du Nord-Deutscher Lloyd, de Brême, qui s'en allait à Alexandrie d'Egypte.

Il ne s'est rien passé de saillant pendant cette traversée de six jours, sinon que mon compagnon fut malade comme un malheureux.

Arrivés au port, nous débarquâmes le soir pour nous promener dans Alexandrie. La ville nous plaisait beaucoup, nous nous amusions en visitant les quartiers arabes, nous regardions avec curiosité les maisons, les boutiques, les indigènes, les femmes voilées. Cela nous amusa tant que nous décidâmes de laisser partir le *Schleswig*, qui devait rester trois jours, sans remonter à bord, et de nous fixer à Alexandrie.

Au jour dit, le navire partit sans nous: nous n'avions pas un centime en poche et ne connaissions personne. Qu'allions-nous faire ?

Nous commençâmes par aller, chacun notre tour, demander assistance à la Société suisse de bienfaisance. M. Jacquot, directeur de cette société, me remit deux « talari » (1) et l'adresse de la Compagnie des Tramways d'Alexandrie, où l'on pourrait peut-être nous donner du travail.

Sans perdre un instant, nous allâmes nous présenter à l'ingénieur en chef, qui était aussi un Suisse. Il nous fit savoir qu'il n'avait, pour le moment, aucune place vacante, à moins que nous sachions conduire une automobile. Je

---

(1) Ancienne monnaie de Venise ayant cours en Egypte et valant un peu plus de cent sous.

lui fis dire, tout radieux, que c'était mon cas ; il ne voulait pas le croire, car, en ce temps-là, les automobiles ne pullulaient pas comme aujourd'hui, et les bons chauffeurs étaient rares.

Il me mit aussitôt à l'épreuve et nous donna rendez-vous à tous les deux pour le lendemain matin. La Compagnie des Tramways venait d'acheter trois autos à la « Neue Automobil Gesellschaft » de Berlin, et il fallait les mettre au point et dresser quelques chauffeurs.

Mon premier élève fut, naturellement, mon compagnon ; nous étions bien payés, moi surtout, qui étais en somme le chef de la section automobile de la Compagnie, et je me plaisais beaucoup dans ma nouvelle place. Mais Albert ne tarda pas, malheureusement, à changer de caractère : il se mit à dépenser son argent, à faire la bombe, et devint un véritable ivrogne, un vrai de vrai, et les aventures ne nous manquèrent pas.

Un dimanche que nous nous promenions vers San Stefano, un monsieur gros et gras, vêtu d'une redingote, coiffé d'un fez, et portant de gros bijoux sur son gros ventre et à ses gros doigts, nous accosta et nous dit : « *Jé souis oune riche commerçant tourc. Voulez-vous accepter quelques gâteaux et ouna tasse de thé ?* »

L'invitation fut acceptée pour voir. Le Turc nous conduisit chez un pâtissier arabe où nous dégustâmes un goûter soigné : il remarqua que nous aimions les gâteaux et nous demanda, d'un air égrillard, si nous aimions aussi les femmes.

— Pourquoi pas ? lui répondis-je, surtout si elles sont jolies.

— Alors, dit-il, je vais vous présenter aussi à des petites femmes, j'aime que la jeunesse s'amuse, moi !

La curiosité est un défaut aussi masculin que féminin. Nous le suivîmes. Il nous conduisit dans un salon où se trouvaient des Espagnoles, des Italiennes, des Françaises du Midi, des Arabes et des négresses.

— Voilà, dit-il, de belles filles, vous n'avez qu'à leur faire la cour !

Nous nous regardions, tous deux, assez gênés, ce que voyant, le Turc fit venir du « mastic » (c'est l'anisette grecque) et des bouteilles de vin de Samos, puis se retira discrètement. La boisson nous faisait oublier toute pudeur lorsque, soudain, nous aperçûmes le gros Turc qui nous regardait par le judas et riait d'un rire idiot. Furieux, je bondis sur la porte, suivi par Henri, mais nous tombâmes dans un corridor vide. Nous poussâmes la porte du fond : elle céda et nous nous trouvâmes dans la rue. La porte s'était refermée sur nous. Il ne nous restait qu'à réparer le désordre de notre tenue et à rentrer.

— Tu vois, dis-je à Henri, nous avions été avec ce vieux dégoûtant « pour voir », et c'est nous qui avons été vus.

— Tu parles ! me répondit Henri avec calme.

Il y avait cinq mois que nous étions à Alexandrie lorsque Henri voulut à toute force rentrer en Europe. Il voulait revoir son père, et comptait sur moi pour l'accompagner. Je ne voulus rien entendre tout d'abord, car j'étais fort content de ma place et du pays, mais il insista tellement que je me rendis à ses raisons, et consentis à partir avec lui.

Nous n'avions, bien entendu, pas d'argent en poche puisque nous dépensions tout ce que nous gagnions au fur et à mesure. Pour comble de déveine, nous ne trouvions pas d'embarquement, et il ne fallait pas compter nous faire rapatrier par le consulat.

Enfin, après avoir traîné plusieurs jours sur le port, nous arrivâmes à nous cacher sur le *Hohenzollern*, de la même compagnie allemande que le *Schleswig*, qui nous avait amenés. Il partait au moment où nous nous glissions à bord : on ne nous découvrit qu'en pleine mer. Amenés devant le commandant, il nous fit un petit discours bien senti, qui se terminait par la promesse charmante de nous livrer à la police à Marseille. Après quoi, il nous fit descendre à la chaufferie pour travailler.

Pendant toute la traversée, nous nous distinguâmes par notre conduite et notre travail, si bien qu'arrivés à Marseille le commandant nous fit grâce et nous laissa débarquer librement. Nous n'étions pas plus avancés pour cela, car nous n'avions pas un sou et ne savions que faire pour manger et trouver un gîte. Il n'était plus question de retourner à l'asile de nuit ni au fourneau économique : on ne nous y aurait pas reçus une seconde fois. Nous nous promenions assez tristement par les rues. Henri, en me montrant les cafés de la Canebière regorgeant de monde, me suppliait de reprendre mon ancien métier d'acrobate, mais je ne me sentais plus capable de l'exercer ; je manquais d'entraînement. En réalité, j'étais dégoûté de tous ces métiers maintenant que je m'en sentais un bon en main, qui me permettait de gagner honorablement ma vie, et j'aurais préféré, alors, crever de faim plutôt que de recommencer à « faire le truc ». Pourtant, Henri insistait toujours. Je ne lui répondais pas, et marchais en baissant les yeux lorsque je vis, au bord du trottoir, dans le ruisseau, quelque chose de brillant qui attira mon attention : je me baissai pour le ramasser : c'était une pièce de

vingt francs. Providence des Providences !...
Henri s'en empara et déclara — c'est la seule
idée intelligente qu'il ait jamais eue — qu'il
allait télégraphier à son père pour lui demander de l'argent. Nous montâmes aussitôt à la
poste, et il écrivit devant moi ces simples mots
qui avaient l'avantage d'être clairs : « Envoie
argent pour rentrer maison. » Et il signa :
« Mollard, poste restante, Marseille. »

Nous allâmes ensuite acheter un litre de vin
à cinq sous, un pain, et cinquante centimes de
rognures de charcuterie, puis nous trouvâmes
un hôtel pour passer la nuit. Ce n'était pas
un palace, mais il présentait un avantage,
c'est que la chambre, pour nous deux, coûtait quarante centimes par nuit.

Belle époque, en vérité, que celle-là !

Le lendemain, Henri alla à la poste restante : la réponse était déjà là ; « elle » contenait cinquante francs. Sentant l'argent dans sa
poche, Henri avait changé d'avis, ou plutôt,
modifié son plan primitif ; il avait décidé,
avant de rentrer chez lui, de passer par l'Italie. Il me proposa, pour commencer, de « brû-
ler le dur », c'est-à-dire de voyager en chemin
de fer sans billet ; je me laissai faire.

Nous allâmes donc à la gare et prîmes un
billet de quai : il n'y avait plus qu'à monter
dans l'express de Vintimille. Le voyage fut
facile, aucun contrôleur ne montra envers

nous de curiosité indiscrète, et nous arrivâmes sans difficultés. Sortir de la gare ne fut qu'un jeu, et nous reprîmes la « grande route » sur la terre italienne.

Nous allâmes ainsi jusqu'à Gênes, en mendiant notre pain ; là, nous allâmes chercher le secours « d'usage » au consulat de Suisse, qui nous permit de prendre deux jours de repos, après quoi nous reprîmes route vers Turin et Aoste. Les gens étaient-ils moins charitables qu'en France ou bien est-ce que nous ne pouvions pas nous faire comprendre ? Toujours est-il que notre voyage fut assez pénible.

Il nous restait, pour rentrer en Suisse, à franchir le grand Saint-Bernard, ce qui n'était pas une petite affaire, car c'était l'hiver, et nous étions vêtus de toile kaki ! Nous commençâmes cependant l'ascension, sans guide bien entendu, et nous réussîmes à nous tenir dans le bon chemin presque jusqu'au col. Mais là-bas, pris par la neige et la fatigue, nous étions complètement égarés et commencions à désespérer lorsque nous entendîmes aboyer des chiens : nous étions tout près de l'hospice. On nous y accueillit. Les pères nous y gardèrent trois jours et nous donnèrent des vêtements chauds pour remplacer notre tenue coloniale. A la première belle journée, bien reposés, bien nourris, bien vêtus, nous partîmes sur le versant suisse avec des guides qui redescendaient à Martigny, où nous passâmes la nuit. Le voyage devenait facile grâce aux billets de logement qu'on trouve partout. En quelques jours, Henri était rendu à Fribourg. Moi je continuai ma route à pied pour gagner Zurich. Je n'y restai qu'une semaine, n'ayant pas pu trouver de travail à cause du chômage qui y régnait alors, et je retournai dans le canton de Thurgovie, à Frauenfeld, où j'avais déjà travaillé deux fois dans mon enfance, avant mon départ pour Paris.

J'y retrouvai mes anciens patrons qui, pour la troisième fois, m'embauchèrent ; et je pensais bien alors que mes aventures avaient pris fin. Je voulais bien tranquillement me créer une situation à Frauenfeld, où j'étais connu, et m'y installer pour la fin de mes jours. Cette idée et l'horreur de la vie errante que je venais de traîner misérablement doublaient mon ardeur au travail. J'avais des relations agréables, parmi lesquelles le fils d'une veuve honorable et aisée de Frauenfeld, nommé Gottlieb Messmer, qui était de mon âge et dont l'enfance, quoique moins mouvementée que la mienne, n'avait pas été très heureuse; il avait de plus été amputé de la main droite à la suite d'une blessure qu'il s'était faite en jouant avec un revolver. Tous les soirs nous sortions et je lui donnais des leçons de français ; le samedi nous faisions notre partie de cartes à l'auberge, et le dimanche nous partions en excursion dans tous les coins du canton, qui, comme on sait, est très pittoresque. Notre amitié ne s'est jamais relâchée, et aujourd'hui encore, au bout de plus de vingt ans et après combien d'aventures, nous continuons à nous écrire. J'allais aussi assez souvent chez les Müller, qui m'invitaient et me recevaient très cordialement, d'autant plus volontiers qu'ils avaient une fille charmante : simple, réservée, intelligente et délicieusement jolie.

Je faisais déjà des rêves d'avenir où passaient une petite maison, un jardin, de beaux enfants, comme se doit un homme sentimental.

Ma destinée n'avait pas encore voulu que je jette l'ancre ! Mes rêves bleus ne se réalisèrent point.

Je tombai malade. La fièvre et un fort mal de gorge me tenaient au lit, lorsque le docteur diagnostiqua la diphtérie. On me transporta à l'hôpital, où je restai deux mois. Les Müller, pendant ce temps, se montrèrent très gentils pour moi, m'envoyant de petits cadeaux et venant prendre de mes nouvelles.

A ma sortie, ma première visite fut pour eux. On m'accueillit comme si j'avais été de la famille, et je sentis alors que j'aimais véritablement Julia, en même temps que je crus deviner que je ne lui étais pas indifférent. Elle était très pieuse, et regrettait que je ne le fusse pas davantage, et me faisait souvent de petits sermons où je trouvais des marques d'amour. Un jour enfin, au bout de six mois, enhardi par tout ce que j'avais cru deviner, je pris le courage de demander sa main à ses parents. Ils reçurent favorablement ma demande et l'on célébra nos fiançailles; j'étais le plus heureux des hommes.

Un soir que nous nous promenions comme à l'ordinaire, dans les prés qui bordent la rivière, je trouvai ma fiancée troublée et comme oppressée par un grave secret. Je la suppliai de se confier à moi et de me dire la cause de son trouble. Longtemps elle résista, se refusant à rien dire, et il était plus de minuit que nous discutions encore dans le petit jardin de ses parents. Enfin elle me jeta ses bras autour du cou et me dit : « Emile, crois-moi, je t'aime toujours du même amour, et nous nous marierons ; mais je ne voudrais pas que ce fût tout de suite. Je voudrais que tu quittes Frauenfeld pendant une année et que tu voyages à travers le monde. Ce serait un grand orgueil pour moi d'avoir un mari qui ait beaucoup voyagé et qui ait une grande expérience de la vie !

Hein ! ces petites filles pieuses.

— Ma chère Julia, lui répondis-je, tout ce que tu viens de me dire me semble mystérieux. Je suis encore jeune, mais tu sais que je possède une expérience que beaucoup d'hommes plus âgés que moi pourraient envier. (Hélas ! il me manquait l'expérience des femmes, mais j'allais commencer à l'acquérir.) De plus, tu le sais, j'ai un caractère énergique, et j'ai passé à travers tant de misères et de dangers que tu peux être assurée de me voir rester toujours droit et honnête. Aussi, je ne comprends pas tes curieuses idées. Mais, puisque tu le veux, je t'aime assez pour t'obéir. Je suis parfaitement capable de mener à bien l'épreuve que tu m'imposes, et je partirai pour te faire plaisir.

Elle se jeta à mon cou en pleurant, et me donna rendez-vous pour le lendemain au même endroit.

Je rentrai dans ma chambre très mécontent, repassant dans ma tête tous les mots charmants, délicieux, inutiles, échangés, cherchant encore à comprendre l'incompréhensible ; le matin arriva sans que j'aie pu m'endormir. A l'atelier, je ne trouvai pas plus de tranquillité ; je négligeai mon travail en roulant mille pensées, mille projets contradictoires dans ma tête. Enfin, lassé de revenir toujours au même point en suivant le cercle de mes pensées, je pris la résolution de quitter à nouveau Frauenfeld, et d'entreprendre un long voyage pour l'amour de Julia. Ah ! jeunesse ! Cette décision me rendit tout mon calme, et j'étais redevenu maître de moi-même lorsque j'allai au rendez-vous de ma fiancée. Je lui dis que j'allais donner mon congé à mes patrons et que je partirais aussitôt que possible. On se doute qu'après les émotions de la veille et dans le calme que donne une résolution définitive, je me montrai réservé et même froid à son égard. Elle s'en aperçut et me demanda vivement si je ne l'aimais plus :

— Je t'aime comme auparavant, lui répondis-je, mais depuis midi je suis bien obligé de penser à autre chose.

Paisible, je lui fis part de l'itinéraire que je m'étais tracé. Je voulais partir du Havre pour la Guadeloupe, la Martinique et Panama. De là, j'irais en Afrique, peut-être en Asie...

Elle m'écoutait avec attention. Nous nous séparâmes enfin sur un dernier baiser, où elle me fit promettre de lui envoyer souvent des cartes postales.

Cet amour philatéliste m'étonna. Une douce gaîté m'envahit, mais je regardai les admirables yeux de ma fiancée et toute ironie s'en alla devant le regard clair de Julia !

II

Trois semaines plus tard, j'étais **au Havre** et j'avais la chance d'embarquer aussitôt sur *La France*, de la Compagnie Transatlantique. Ce navire n'existe plus aujourd'hui, et il ne faut pas le confondre avec la nouvelle *France* qui fait actuellement le service de New-York. Quittant les Etats-Unis, je visitai la Guadeloupe, la Martinique, Trinidad, le Venezuela et Panama. De là, je partis pour l'Amérique du Sud, et je regagnai l'Espagne où je séjournai quelque temps, puis je m'embarquai à Barcelone, d'où j'allai à Naples, puis, pour la deuxième fois, en Egypte.

De chaque port j'envoyais à Julia une lettre et des cartes postales en quantité. Je lui contais mes voyages, les incidents de route, l'aspect des lieux et les mœurs des habitants.

D'ailleurs, demeurant toujours trop peu de temps dans les pays où je ne faisais que passer, je ne pouvais en rapporter qu'une première impression de « surface » ; au surplus, je ne suis pas un poète, mais bien un homme d'aventures. J'étais pris par cette vie errante plus que par l'amour de Julia et je ne m'en apercevais pas.

A Port-Saïd, je fus embauché par la Société du Canal de Suez, qui me confia un poste important et bien payé. Ils venaient de recevoir des canots automobiles de la maison Mercédès : comme autrefois, à Alexandrie, je tombais, si j'ose dire, à pic. J'en assurai la mise au point, et l'on me donna ensuite la surveillance de leur entretien et de leurs réparations.

Entre temps, j'écrivais toujours à ma fiancée, mais elle me répondait très irrégulièrement. Un jour, cependant, je reçus une lettre dans laquelle elle me demandait si j'allais rester encore longtemps en Egypte. Aussitôt, je quittai ma place, non sans regret, je l'avoue. Ce fut une curieuse route que celle de mon retour. Je trouvai un embarquement pour faire la mer Rouge jusqu'à Djibouti et Aden. De là, je remontai à Jaffa, Beyrouth et Damas.

Un bateau me ramena de Syrie à Port-Saïd.
Il y avait un an que j'avais quitté Frauenfeld
et ma fiancée : je m'occupai de trouver un
bateau pour rentrer en Europe. Au bout de
quelques jours d'attente, l'*Amiral-Forrichon*,
des Chargeurs Réunis, revenant des côtes
d'Afrique, faisait escale à Port-Saïd pour
faire du charbon. J'appris qu'un garçon de
salle était malade, et qu'il devait être débarqué pour être transporté à l'hôpital ; je
m'offris pour le remplacer et, le lendemain,
nous faisions route vers Marseille, Pauillac,
Dunkerque et Anvers.

A Marseille, je voulus débarquer, mais le
maître d'hôtel ne me le permit pas. Je ne
pouvais passer outre, car il avait mes pièces
d'identité. Je continuai donc le voyage jusqu'à
Anvers. Arrivé dans ce port, je demandai mon
débarquement, mais il s'éleva un obstacle
imprévu : le maître d'hôtel avait débarqué
clandestinement en emportant la caisse, il
raflait vingt-cinq mille francs à la Compagnie.
Le commissaire du bord me dit que, vu cet
événement, il ne pouvait pas me payer, et
qu'il faudrait revenir jusqu'au port d'attache,
à Dunkerque. Je n'étais pas de cet avis, et je
débarquai froidement à Anvers, sans être payé.

La situation, une fois de plus, n'était pas
brillante, et je n'avais pas un sou... une fois
de plus.

Midi était passé depuis longtemps et je me promenais dans l'avenue du Kaiser, assez triste et me demandant de quelle façon j'allais m'y prendre pour trouver un gîte. Tout en réfléchissant à ce grave problème, je m'étais arrêté machinalement devant un magasin de chaussures. A côté de moi, une jeune femme bien mise, élégante même, regardait aussi la vitrine. Elle dit, tout à coup, en se tournant un peu vers moi : « Voilà de jolies chaussures, et pas chères ! »

Je ne lui répondis pas, doutant si c'était bien à moi qu'elle s'adressait. Elle continua, d'un air étonné :

— Mais vous avez l'air bien triste, qu'avez-vous donc ?

— Il y a de quoi être triste, répondis-je, quand on ne sait pas où aller manger ni coucher.

— Est-il possible que vous soyez si pauvre?

— C'est la pure vérité, Madame.

Elle me demanda alors d'où je venais, qui j'étais, ce que je faisais, ce que je voulais faire. Je répondis à toutes ses questions. Elle réfléchit un instant et me dit enfin :

— Venez me voir à cinq heures, au numéro 1, place Verte, nous n'aurez qu'à sonner deux fois.

Je remerciai et j'attendis cinq heures avec quelque impatience, me demandant ce que cette brave dame allait pouvoir faire pour moi. A l'heure dite, je sonnai deux fois : la jeune femme elle-même vint m'ouvrir, et m'introduisit dans une vaste bibliothèque dont les murs disparaissaient sous des rayons chargés de livres. Elle me fit asseoir dans un fauteuil de cuir et se mit à me parler de choses et d'autres. La bonne apporta le thé, avec des tartines beurrées et des gâteaux : je me retins pour n'en pas manger trop. J'avais, on le conçoit, la « dent ». Elle me dit alors :

— J'ai chez moi une chambre libre, je la mets à votre disposition ; vous y trouverez des vêtements qui pourront très bien vous aller ; vous pourrez les prendre si vous le désirez.

Il était près de sept heures. Elle me conduisit à cette chambre, ouvrit l'armoire en disant : « Tenez, prenez tout ce dont vous aurez besoin. » Elle me montra ensuite la salle de bains, qui était à côté de la chambre : « Prenez un bain, dit-elle encore, il y a justement de l'eau chaude », et elle s'éloigna en souriant.

Je restai seul dans la chambre, un peu abasourdi d'abord, puis j'ouvris l'armoire. Il y avait des chemises de fantaisie, des chemises de nuit, des chaussettes de soie, des mouchoirs, des cravates, du linge de dessous, des foulards, des chaussures, des complets de ville et plusieurs smokings. Certainement l'ancien propriétaire de cette garde-robe devait avoir la même taille que moi, car tout m'allait très bien ; les chaussures, toutefois, étaient un peu justes, mais cela ne m'empêcha pas de les mettre. Il faut souffrir pour être élégant !

A huit heures du soir, transformé et méconnaissable, je dînai en tête à tête avec ma bienfaitrice, servi par une petite bonne suisse. Après le dîner nous passâmes au salon, où nous restâmes à causer jusqu'à onze heures et demie. Nous parlâmes de mes voyages et des mœurs et des religions différentes : cela intéressait particulièrement mon hôtesse, qui se mit à discuter philosophie et théosophie. J'avais en face de moi, à n'en pas douter, une théosophe! Je discutai de toutes ces questions, car j'ai toujours eu du goût pour ce qui est surnaturel. Je tins honorablement ma place dans cette conversation étonnante pour un homme qui était quelques minutes auparavant dans la rue. Cela dura quelque peu. Enfin, elle me conduisit jusqu'à ma chambre, me souhaita une bonne nuit, et gagna la sienne qui était située d'ailleurs sur le même palier.

Je ne pus dormir cette nuit-là. Effet d'un bon dîner peut-être, mais aussi de sensations mystérieuses et vraiment agréables. Vers neuf heures je me levai et j'achevais ma toilette quand la bonne vint frapper à la porte pour me demander si je voulais mon déjeuner dans ma chambre, ou être servi avec Madame. Je lui répondis que je descendrais à la salle à manger.

J'étais dans un curieux état, celui d'un homme qui aurait eu la bouche pâteuse, et cependant mes idées étaient claires, ma tête bien reposée.

Lorsque j'entrai dans la salle à manger, la dame de céans vint à moi et me souhaita le bonjour en me tendant la main ; elle me demanda si j'avais bien reposé. « Très bien, Madame, lui répondis-je, mais je ne me suis endormi que bien tard », à quoi elle me dit qu'elle aussi avait eu du mal à s'endormir. Le petit déjeuner fut excellent, et nous lui fîmes honneur, après quoi elle me proposa de l'accompagner en ville. J'acceptai. Vers onze heures nous étions de retour et elle m'installa à la bibliothèque en me disant de lire pendant qu'elle allait aider la bonne à la cuisine.

Au repas de midi elle continua de me parler des mêmes sujets que la veille, mais au café elle donna un tour badin à la conversation, et, après quelques phrases préparatoires, me déclara :

— Puis-je vous demander ce que vous avez pensé de moi, hier après-midi, quand je vous ai dit de venir à la maison ?

— Madame, répondis-je, votre demande me prend à l'improviste, mais, soyez persuadée que je n'ai eu que d'excellentes idées, et jusqu'à présent je ne considère que la bonté que vous m'avez témoignée.

— Je vous ai posé, reprit-elle, une question embarrassante, mais je voulais vous étudier de plus près ; et il me sembla que tout en n'ayant pas de mauvaises pensées, vous devez vous interroger à mon endroit.

— Madame, répondis-je, vos questions me peinent, car je n'ai pas cherché si loin ; d'ailleurs, je suis un jeune homme qui peut s'adapter à bien des « situations » pour si risquées qu'elles puissent paraître.

Le temps avait passé et il n'était pas loin de quatre heures ; elle se dirigea vers le piano où elle se mit à « tapoter » un air de *Carmen* en me demandant si j'aimais la musique.

— Connaissez-vous cela ? fit-elle en s'arrêtant.

Je me mis aussitôt à chanter, avec toute l'expression d'un ténor amoureux de sa partenaire :

Si tu ne m'aimes pas, je t'aime,
Et si je t'aime, prends garde à toi !

Elle sourit, ferma le piano et me proposa d'aller prendre le thé en ville.

Nous entrâmes dans une pâtisserie, puis nous fîmes de conserve quelques courses.

Nous allâmes encore, avant de rentrer, prendre l'apéritif au Café français, qui se trouvait également place Verte.

Le dîner fut très gai. Je me sentais maintenant tout à fait à l'aise dans cette vie de rentier qui ne me déplaisait pas. Au salon, elle se mit encore à jouer *Carmen*, mais en chantant cette fois et en me regardant avec des yeux ardents :

> *Et si je t'aime,*
> *Prends garde à toi !*

Je la regardai, moi aussi. Nous nous comprîmes, et, dès le soir, « elle ne chanta pas plus avant ».

Le lendemain, cependant, comme je m'habillais dans ma chambre, je réfléchis à ma situation. Je me sentais gêné. Cette richesse, ces vêtements que je portais, ces cigares que je fumais... et la rue l'avant-veille !

Il y avait « quelque part » ma fiancée pour l'amour de laquelle j'avais fait ce tour du monde, et que je voulais retrouver.

Après une journée aussi délicieuse que la précédente, et une nuit aussi agréable que l'autre, ma décision fut prise : j'allais partir pour la Suisse.

Ma nouvelle amie m'avait donné de l'argent pour payer notre dépense lorsque nous sortions ensemble : il m'en restait et je calculai que je pouvais prendre le train jusqu'à Zurich. Je remis donc mes vieux effets et descendis lui annoncer mon départ. Elle reçut la nouvelle assez froidement, on le conçoit, et me dit simplement :

— Vous voulez me quitter, je ne peux pas vous en empêcher. Votre décision est stupide, mais vous avez, à part cela, été correct avec moi. Je vous regretterai, mais vous me regretterez aussi. Et, comme je suis une bonne fille, gardez donc, je vous prie, l'argent que je vous ai remis.

Je partis sans tourner la tête et courus à la gare. Pendant tout le voyage, deux images de femmes jolies se présentaient à mon esprit, se chassant l'une l'autre, et, quand je commençai à m'assoupir, se superposant et se remplaçant si bien, que je voyais ma fiancée dans la maison de la place Verte, au piano, dans mes bras, et ma « *bienfaitrice* » dans les prés de Frauenfeld, où je lui faisais une cour respectueuse. Si bien qu'en arrivant à Zurich, je regrettais fort la vie heureuse et délicate, et l'amie charmante, dont la beauté m'apparaissait toujours, que j'avais stupidement laissée à Anvers. Il fallait le véritable amour que je ressentais pour Julia, et qui m'avait fait faire, pour ses beaux yeux, un tour du monde inattendu, pour me rappeler à la réalité. Je brûlais aussi du désir ardent de prendre enfin cette jeune fille qui m'avait tant fait courir, et d'être à mon tour son maître et seigneur.

J'arrivai à Frauenfeld dans un véritable état d'exaltation et courus tout droit à la maison de la rue... Mme Muller vint m'ouvrir la porte et m'apprit que Julia était mariée et mère de deux beaux jumeaux !

Et j'avais fait le tour du monde !

Que devais-je faire ? Que pouvais-je faire ? Rester à Frauenfeld ? Impossible. Je ne voulais sous aucun prétexte revoir devant moi celle qui aurait dû être ma femme. Je pensais à mes aventures et à ma mésaventure dans la salle de l'auberge et je me disposais à aller demander conseil et secours à mon ami Gottlieb, lorsque mes yeux tombèrent sur la colonne des offres d'emploi du journal local que je parcourais distraitement. J'y trouvai l'annonce suivante : « On demande jeunes gens connaissant la navigation. S'adresser à la Société de Navigation du Rhin, à Schaffhouse. »

J'écrivis aussitôt pour faire mes offres de service et, par retour du courrier, je reçus la réponse : je devais me présenter immédiatement au siège de la société.

Je fus embauché à la Société de Navigation du Rhin. La navigation fluviale, évidemment, était une aimable plaisanterie en la comparant à la navigation sur mer : je fus tour à tour marin « d'eau douce », timonier, caissier et chauffeur. La Société était satisfaite de mes services, et, dès ma première année, je fus titularisé.

J'avais pris pension dans une pension de famille de Schaffhouse.

Je devins l'ami de la bonne qui servait à table. J'avais pour elle une grande affection, car elle me réservait les meilleurs morceaux, m'apportait en cachette des suppléments, et me « fadait » mes desserts. Et non seulement elle me favorisait à table, mais elle entretenait parfaitement ma chambre et mes habits avec un soin méticuleux, raccommodant même mon linge. Si bien qu'un jour, je lui proposai le mariage, qu'elle accepta. Les formalités accomplies sans perdre une minute, nous fîmes la noce, et je trouvai, sinon le calme de la vie de famille que j'enviais, je puis le dire, depuis ma naissance, parce que je ne l'avais jamais connu, du moins un bonheur qui a résisté à toutes mes aventures, et qui dure encore aujourd'hui.

Mais, étant marié, je ne voulais plus rester dans la navigation qui me retenait trop loin de la maison, et je cherchai une autre place. J'avais, comme on dit, la bougeote. Ayant appris qu'un négociant de Zurich cherchait un conducteur d'automobile de « première classe », je n'hésitai pas, je me présentai dès le lendemain et fus embauché séance tenante. Je quittai donc la Société de Navigation du Rhin pour aller m'installer à Zurich avec ma femme et prendre mon nouveau service.

Mon nouveau patron, M. E. R. Huni, était un Zurichois très riche qui avait fait sa fortune en Argentine. Il était marié et père de cinq enfants. C'était un homme très correct et très bon. Au bout de six mois que j'étais à son service, il prit la décision de quitter Zurich pour aller résider à Paris, et me demanda si je voulais le suivre ; il disait le désirer vivement, d'autant plus que je connaissais bien la capitale, et il m'offrait de me rembourser tous mes frais de déplacement, et d'augmenter mes gages en conséquence. Je promis de partir avec lui, car j'avais une vraie affection pour cet homme bon et généreux, et pour sa femme qui était aussi bonne que lui. C'étaient, en un mot, des patrons modèles qui voulaient le bien de leurs serviteurs.

Malheureusement, je ne devais rester chez eux que trois ans. Mon patron, à qui j'avais appris à conduire, était un mauvais élève, et très souvent nous avions des accidents — peu graves heureusement. Un jour, pourtant, à la suite d'un accident nouveau qui lui était arrivé, je lui dis que j'étais dégoûté de le voir constamment abîmer sa voiture et que, s'il insistait pour vouloir encore conduire lui-même, je préférais le quitter. Ce fut lui qui préféra me voir partir. Cela se comprend. Mon successeur est encore aujourd'hui au service de M. Huni, c'est dire qu'il y est depuis plus de quinze ans.

Quelques jours après avoir quitté M. Huni, je trouvai une nouvelle place, mais il y avait « une paille » ; mon salaire était de moitié moindre que le précédent. Mon patron était un architecte parisien, M. D... Son service était agréable, et lui-même était très bon. Mais, par la suite, il se maria avec une cuisinière, et tout changea bientôt à la maison. Sa femme était acariâtre et d'une méchanceté inouïe, elle semblait être très ignorante, elle n'avait jamais pu garder aucun serviteur. Pendant tout le temps que je restai à leur service, ce ne fut qu'un va-et-vient de bonnes, de cuisinières et de valets de chambre, et, aujourd'hui encore, Mme D... est honnie des bureaux de placement. Quant à son mari, qui l'avait retirée des fourneaux, il en prenait pour son grade, elle lui faisait sans cesse des scènes. Elle se faisait appeler Zézette et jouait devant lui à la petite fille, à la « pauvre Zézette », mais sitôt que son mari était sorti, elle allait tirer par les cheveux ou griffer comme une chatte, soit la cuisinière, soit la femme de chambre. Un jour, elle se disputa avec ma femme.

Mme D... se croyait très belle, et elle ne se gênait pas devant ses gens. Lorsque le patron était absent, elle me faisait appeler le matin pour me donner les ordres, et me recevait dans sa chambre, étant au lit ; et, plusieurs fois, il lui arriva de se vanter auprès de moi d'avoir une jolie poitrine, « et autre chose aussi que je ne saurais dire, et autre chose aussi que je ne dirai pas ici ».

Un hiver que nous étions à Nice, et que le patron était rentré à Paris, rappelé par ses affaires, elle restait presque toute la journée au lit, et constamment me faisait appeler, sous un prétexte ou sous un autre. Je comprenais très bien ; mais je faisais semblant de ne pas comprendre, et finis par lui laisser voir que ce qui aurait été plaisant avec une personne jeune et jolie était souverainement répugnant avec elle.

De ce jour, je compris que je ne resterais plus longtemps dans la place. Je m'y plaisais et j'exerçais mon métier avec conscience et dévouement.

M. D... était d'ailleurs fort satisfait de moi, puisqu'il avait, de lui-même, augmenté sensiblement mes gages ; mais la vie devenait intenable avec sa femme, aussi décidai-je de partir. Nous nous séparâmes en très bons termes, le patron et moi, sans qu'il connût la véritable cause de mon départ.

Cette place m'avait dégoûté du métier de chauffeur pour dames trop aimables, et je m'occupai de trouver quelque autre emploi.

C'était alors quelques mois avant la guerre. Je trouvai une place dans l'Allier, en qualité de mécanicien-électricien au secteur électrique d'Ainay-le-Château.

Cet emploi me plaisait beaucoup, j'y étais très indépendant. Le salaire n'était pas élevé, mais j'étais logé, chauffé, éclairé, et j'avais en outre le monopole des réparations et de la vente des lampes électriques aux abonnés. J'entreprenais aussi des installations : c'est ainsi que j'installai la lumière dans le château de Bannegon, au comte de Bengy, travail qui me rapporta deux mille francs en l'espace de huit semaines.

La vie, dans cette région, était d'un bon marché incroyable : on y payait le beurre cinquante centimes la livre, la douzaine d'œufs, quarante centimes, le lait, trois sous, la viande, neuf sous la livre, et ainsi de suite.

Je croyais bien être fixé là pour la fin de mes jours, mais ma destinée n'était pas encore de rester tranquille. Bien au contraire, malgré tout ce qu'on a vu, mes aventures et mes voyages ne faisaient que commencer.

La guerre éclata.

Je n'étais pas mobilisable, étant de nationalité suisse, par mon père. Il fallut pourtant quitter le secteur électrique. Pendant mon séjour là-bas, j'avais toujours été bien estimé. N'empêche que je fus soupçonné de faire de l'espionnage et de vouloir faire sauter les ponts du Cher, de Montluçon à Saint-Amand. Ce n'étaient que de stupides potins de village; néanmoins, je dus quitter le pays avec ma famille, pour rentrer en Suisse.

III

Le voyage fut très pénible, et il nous fallut une grande semaine pour faire les quatre cents kilomètres qui nous séparaient de la frontière helvète. A chaque station, notre train était dirigé sur des voies de garage pour laisser passer les convois militaires et nous avions de longs arrêts. Nous couchions sur les bancs du quai ou des salles d'attente pour ne pas manquer les départs, qui étaient toujours inopinés. Enfin, nous arrivâmes en Suisse, et à Zurich où j'installai ma famille ; dès le lendemain, j'allai faire ma déclaration et je reçus un ordre de marche car, en Suisse, j'étais mobilisable.

Au bout de peu de jours je fus détaché de mon bataillon d'infanterie pour être affecté au Grand Etat-Major de l'armée, en qualité de conducteur d'automobiles, et bientôt désigné pour assurer le service particulier du fameux général Wille ; c'était, sous les apparences d'un « filon » merveilleux, la vie d'aventures qui recommençait.

En qualité de conducteur du généralissime, je roulais beaucoup, quelquefois jour et nuit, car nous parcourions toute la Suisse pour inspecter les centres militaires ; mais, la plupart du temps, nous nous tenions dans les postes d'observation du Jura, pour suivre les combats qui se déroulaient non loin de la frontière.

Les soldats suisses appelaient leur généralissime le « père Wille » ; il était très sympathique en Suisse allemande, et beaucoup moins aimé en Suisse romande. Aussi étions-nous très souvent invités par les municipalités des cantons alémaniques. Je dis « nous », parce que ces invitations étaient, pour tous les chauffeurs de l'Etat-Major, de véritables aubaines. Nous avions toujours notre table réservée, faisions bonne chère, buvions les meilleurs vins. La bière, les liqueurs et les cigares abondaient sans bourse délier : c'était la grande vie et, en sortant du banquet, nous étions tout aussi éméchés que nos officiers. C'était la guerre en Suisse !

Le père Wille était un brave type, et l'on comprend qu'il soit devenu légendaire dans l'armée suisse, mais son fils, qui était chef d'état-major, était plutôt détesté par la troupe, à cause de sa grossièreté envers les hommes. Le major Wille accompagnait son père dans tous ses déplacements, et, comme lui, aimait beaucoup les invitations. Il aimait aller vite, surtout après un bon dîner ; nous faisions toujours de la vitesse, sans craindre les contraventions, mais c'était le père Wille qui avait la meilleure voiture et la plus puissante, aussi j'arrivais toujours bon premier dans ces sortes de matchs inutiles et guerriers.

Il avait la passion du « Stumpen », sorte de cigare coupé qu'il fumait, ou plutôt qu'il mâchonnait du matin jusqu'au soir. Il était, en effet, très rare de rencontrer le général sans le « Stumpen » aux lèvres ; et, comme il était assez peu soigneux, sa tunique était toujours tachée de cendre, si bien qu'un jour, où nous étions tous encore plus « gais » que de coutume, je pris une brosse que j'avais dans la voiture et me mis à brosser sa tunique remplie de cendre, sans que personne m'y ait invité ; ce fut un éclat de rire général dans tout l'état-major et chez tous les conducteurs. Le père Wille avait trouvé cela très pratique, n'y ayant sans doute jamais songé auparavant, et par la suite il ne remontait jamais en voiture sans se faire donner un coup de brosse.

J'étais heureusement très bien avec les officiers de l'Etat-Major et même avec le fils du général. Aussi j'obtenais des permissions autant que je voulais. C'est d'ailleurs pendant ces permissions passées en famille à Zurich que j'ai vécu les heures les plus angoissantes de mon temps de service.

Un jour que j'étais à la maison, mon plus jeune fils, alors âgé de six ans, qui était sorti le matin de bonne heure, disparut. A la nuit tombante, il n'était pas encore revenu. Ma femme était dans une inquiétude mortelle ; moi-même j'avais passé ma journée à faire des recherches. Plusieurs personnes m'avaient dit l'avoir remarqué au bord de la Limmat, qui coulait non loin de notre maison ; d'autres disaient qu'il était parti avec un Italien dans la direction de Winterthur. Je louai une bicyclette pour me mettre à leur poursuite mais, au bout de vingt kilomètres, n'en ayant pas trouvé trace, je rentrai à la maison, plus inquiet encore qu'auparavant. Le petit était-il tombé dans le torrent ? J'allai avertir la police et il ne nous restait plus qu'à attendre, et quelle attente effroyable !

Il était huit heures du soir lorsque nous entendîmes du bruit dans l'escalier : c'était le petit qui rentrait le plus naturellement du monde. D'où venait-il ? Qu'avait-il fait pendant cette longue absence ? Il me répondit, tout joyeux : « J'ai été à la gare pour voir partir les trains. »

Je n'eus pas la force de le corriger.

Une autre fois, j'avais une permission de quarante-huit heures ; après avoir recommandé aux enfants de ne pas s'éloigner du quartier, j'allai en ville pour chercher les journaux. En revenant, je vis accourir ma fille toute en larmes.

— Papa, disait-elle en sanglotant, papa, viens vite à la maison, mes deux petits frères se sont fait écraser par une grosse voiture de déménagements !

Je me mis à courir. Devant la maison, une foule de gens étaient rassemblés qui discutaient et se montraient l'étage où nous habitions ; la voiture d'ambulance était déjà à la porte. Je me précipitai chez nous. Les deux petits étaient étendus sur notre lit. L'aîné avait la cuisse cassée, l'autre, le pied écrasé. Sur le pantalon du premier, on voyait la trace de la roue qui avait passé de biais, du genou à l'articulation du bassin ; la fracture était à quelques centimètres du col du fémur. L'autre avait sa chaussure complètement déformée et aplatie ; le pied était déjà noir et violet.

L'aîné fut transporté par l'ambulance à l'hôpital de Schaffhouse, où le docteur déclara qu'on lui sauverait peut-être la jambe, mais

qu'il resterait boîteux toute sa vie. **Dix**
semaines plus tard, il sortait de l'hôpital complètement guéri, et marchant « comme tout
le monde ». Ce fut un autre miracle de ma
vie. Les os sont solides chez nous. Le plus
jeune, qui était resté à la maison, n'avait pas
grand'chose ; le surlendemain, il courait
comme un lapin.

J'ai été très vivement frappé par ces gué-
risons inattendues, qui ont déjoué toutes les
prévisions des médecins : elles me faisaient
songer à ma propre guérison, si mystérieuse,
à l'âge de dix ans ; je trouvais, entre ces évé-
nements, un étrange lien, et comme une
preuve nouvelle qu'une « chose » inconnue,
plus forte que la raison et que la science,
accompagnait ma vie, et guidait ma destinée.
Ainsi, dans toute ma vie si agitée, les mal-
heurs, sans cesse renaissants, n'ont atteint
que la limite du réparable, sans jamais la
dépasser. Combien de fois, par la suite, ai-je
vu de près la mort et n'ai fait que la frôler.
Mon ami fidèle Gottlieb, qui a suivi ma vie
presque jour par jour, me disait une fois :
« Je crois que tu seras encore longtemps parmi
nous, car on voit bien que, de toi, le bon Dieu
ne veut pas, ni le diable non plus. »

Le lendemain de l'accident arrivé à mes
enfants, je dus rejoindre mon poste ; mais,
peu de jours après, le général Wille vint pas-

ser un certain temps à Zurich à l'occasion de l'inspection et du licenciement de la 5° division. Je l'y suivis naturellement, et c'est pendant ce séjour que je fus libéré du service et que j'acceptai une place qui devait me lancer encore une fois dans les pires aventures à travers le monde.

TROISIÈME PARTIE

I

C'est au mois de mars 1915 que je fus libéré sur ma demande.

Un jour que le général Wille inspectait un régiment, le directeur du garage où allaient remiser les automobiles militaires me dit qu'une riche Américaine l'avait fait prier de m'envoyer chez elle pour me présenter. Elle avait besoin d'un chauffeur et pensait que je ferais bien son affaire. Je devais y aller le jour même. Après avoir hésité un instant, je pensais qu'il valait mieux accepter une place bien rétribuée que de continuer mon service militaire. J'acceptai donc de me présenter,

d'autant plus que, chez moi, « ça » commençait à sentir la gêne.

J'allai donc me présenter à ma future
patronne, qui s'appelait Madame Edith Rockefeller. C'était la personne la plus riche du
monde. (Il y en a beaucoup !) En tout cas, son
père était multimillionnaire, son mari possédait aussi un nombre considérable de millions.

On voit que la place qui m'était offerte
avait du « répondant ». J'allais donc connaître
la vie (d'après l'office) de ces rois d'Amérique dont on parle tant.

Mademoiselle Emma, secrétaire, me reçut
dans un immense salon richement meublé,
ensoleillé et tranquille. C'était le salon du
vaste appartement loué par la famille Rockefeller dans le plus bel hôtel de la ville, au
bord du lac. Par les fenêtres ouvertes à la
fraîcheur du matin, on voyait la nature des
jardins et les eaux calmes du lac ; des oiseaux
entraient et sortaient, voletaient dans la pièce,
allant du piano aux lustres, des lustres à la
cheminée ; plusieurs sautillaient sur le tapis.

Je dois dire ici que je n'étais nullement
impressionné à l'idée de me rencontrer avec
un personnage aussi important qu'était
Madame Edith Rockefeller, dont la notoriété
pourtant était grande dans toute la Suisse,
où son genre de vie et ses excentricités
défrayaient toutes les conversations. Mais,

lorsque je la vis entrer de l'autre bout du
salon, semblant glisser sur le tapis en me
fixant avec des yeux démesurément grands, je
ressentis une forte impression, une véritable
secousse, et je tressaillis malgré moi. Elle
s'approcha et je m'inclinai respectueusement
pour la saluer, attendant qu'elle m'adressât la
parole, mais elle se contentait de me regarder
en souriant, et sans rien dire. Enfin, elle pro-
nonça lentement et comme en cherchant ses
mots, et sans cesser de me fixer : « Oh ! c'est
très bien... de faire son service militaire...
pour la Patrie... et c'est entendu, je vous
engage comme mécanicien-conducteur... à
raison de trois cent cinquante francs par mois
plus douze francs par jour d'indemnité. »

Je me retirai, et me rendis au garage pour
dire au directeur qui m'avait envoyé là que
j'étais embauché. Sitôt qu'il me vit, il me
demanda pourquoi j'avais l'air aussi boule-
versé : je ne savais que lui répondre, car, bien
que légèrement mal à mon aise, je ne pensais
pas que cela pût se voir. Je lui dis donc simplement que je commencerais mon service
chez Madame Edith Rockfeller sitôt que
j'aurais réglé ma situation militaire et obtenu
mon licenciement.

Mais la remarque du garagiste m'avait
impressionné, d'autant plus que la secrétaire,
Mademoiselle Emma, m'avait dit, à ma sortie

du salon, que j'étais resté bien longtemps avec la patronne ; et pourtant, je n'ai aucun autre souvenir de cette première entrevue que le bref entretien que j'ai raconté et l'impression persistante de ces grands yeux toujours braqués sur les miens. Je me suis demandé, par la suite, si elle n'avait pas, ou ne croyait pas avoir, une espèce de pouvoir hypnotique ou magnétique qu'elle s'amusait parfois à essayer sur les gens. Bien entendu, cela n'influa pas sur ma décision, d'autant plus que les répercussions de la guerre se faisaient déjà sentir en Suisse, où la vie devenait difficile, et où mon service militaire n'enrichissait guère ma famille. Je fis donc les démarches nécessaires auprès des autorités, et quelques jours plus tard, rendu à la vie civile, je commençais mon service « américain ».

Madame Edith Rockefeller était légendaire dans toute la Suisse, et particulièrement à Zurich où tout le monde la connaissait à cause de ses promenades à pied qui la conduisaient dans tous les quartiers de la ville : de l'Aussersiehl aux hauteurs aristocratiques du Zurichberg.

Mon service consistait, lorsque j'entrai en place, à conduire ma patronne trois et quatre fois par jour à Kussnacht, village situé à une dizaine de kilomètres de Zurich, au bord du lac, où demeurait le fameux docteur Jung, élève du non moins fameux professeur Freud, de Vienne, lui-même professeur de psychanalyse, qui, pour lors, « analysait » ma patronne.

Dès le premier jour, elle me fit appeler, et me dit: « Ammann, je veux... que vous veniez devant l'hôtel avec mon automobile pour me prendre... Je pense qu'il faut que vous soyez prêt exactement ce matin à 9 heures 14 minutes... Je tiens à ce que vous soyez exact. »

Pourquoi 9 h. 14, et pas 9 h. 10 ou 9 h. 15? Pourquoi pas 9 h. 13 1/2 ou 9 h. 04 et 10 secondes ? Une telle précision est d'ailleurs impossible quand il faut se régler sur sa montre, sur les clochers ou sur les horloges des hôtels. Je fis de mon mieux pour préparer une entrée sensationnelle à 9 h. 14 devant le perron de l'hôtel. Après une attente de vingt minutes, Madame Edith Rockefeller descendit majestueusement les cinq marches et me dit, pendant que je lui ouvrais la portière : « Ammann... — elle regardait sa montre-bracelet garnie d'émeraudes et de brillants — Ammann, vous êtes venu à 9 h. 13 au lieu de 9 h. 14, mais c'est bien tout de même. Conduisez-moi à Kussnacht, chez le professeur Jung, mais vite, car je suis pressée. »

Selon son désir, je « fis » vite, et je mis dix-sept minutes pour arriver chez le professeur, soit une moyenne de cinquante à l'heure, ce qui est une bonne vitesse, la circulation étant difficile dans les faubourgs de Zurich.

Arrivée à Kussnacht, elle me dit, en descendant : « Ammann... c'est très bien fait. » Puis elle me recommanda de l'attendre, et surtout de ne pas quitter la voiture un seul instant.

Je restai donc sur mon siège, et profitai de cette longue attente pour réfléchir à ma nouvelle patronne. Je ne vous cache pas que ma conclusion première et immédiate fut qu'elle était complètement folle. Par la suite, je me suis rendu compte qu'elle ne l'était pas, mais qu'elle était bien la plus « piquée » ou, pour parler poliment, la plus excentrique des Américaines.

Après une attente d'une heure environ, elle quitta la villa du professeur Jung, mais, au lieu de monter en voiture, elle me dit : « Ammann... je veux... marcher pour rentrer à Zurich, et je veux... que vous me suiviez, toujours à la même distance. » Et elle fit quelques pas pour me montrer l'avance qu'elle voulait avoir : c'était environ sept mètres.

L'après-midi, j'étais commandé pour 2 heures 17 minutes. Ai-je été exact ? En tout cas, je n'ai pas reçu d'observations, et en route de nouveau pour la psychanalyse chez le professeur Jung à Kussnacht. Temps : dix-sept minutes : « Oh ! Ammann... vous avez encore mis dix-sept minutes, comme ce matin... C'est très bien fait. » Une heure d'attente. Retour en voiture cette fois. Temps: dix-sept minutes (je commençais à connaître la patronne), nouvelles félicitations. Aussitôt rentré, je reçus l'ordre d'attendre, car Mademoiselle Murielle, sa fille aînée, devait aussi aller à Kussnacht pour se faire « analyser » par le docteur Jung.

Et, pendant de longs mois, mon service consista exclusivement à aller à Kussnacht, trois, quatre et cinq fois par jour, car la fille cadette, le fils et enfin M. Rockefeller lui-même allaient tous, à tour de rôle, se faire « analyser ».

Le service devenait assez dur et fatigant, car, tous les soirs, on allait au spectacle.

C'est ainsi que, pendant quatre années consécutives, je n'ai eu ni dimanche ni un jour de semaine de repos. Les automobiles, d'ailleurs, comme leur chauffeur, commençaient à se fatiguer. Après que la 35 Renault fut hors de service, on la remplaça par une 40 Fiat, qui résista moins bien que la Renault; on la changea à son tour par une 60 Lorraine. Puis on eut une Rolls-Royce et une Delage.

A un moment donné, comme plusieurs voitures roulaient ensemble, je fus secondé par un deuxième chauffeur et un laveur de voitures. L'aînée des filles, qui avait alors quatorze ans, conduisait seule la 60 Lorraine ; son frère aîné venait aussi prendre des voitures pour aller faire des escapades, ainsi que son curieux papa.

Enfin, la psychanalyse — à laquelle je me soumettais, car ma patronne avait découvert que j'étais très « analytique » et me faisait souvent des théories — la psychanalyse dictait tous les actes de la famille, et comme elle les approuvait, dans le subconscient de chacun de nous, tout ce que l'on faisait, et même n'importe quoi, était bien fait, normal et légitime ! C'est du moins là ce que doit penser et admettre un pratiquant de cette nouvelle science, telle que l'appliquait Madame Edith Rockfeller. J'ignore à vrai dire si cette formule est celle de l'initiateur de la psychanalyse, le professeur Freud, de Vienne, qui, lui-même, était le maître du docteur Jung, mais je crois ne pas me tromper en affirmant que la psychanalyse, telle que je l'ai apprise de ma patronne, a été pour moi un désastre sous tous les rapports.

Voici d'ailleurs comment ma patronne s'aperçut que j'étais « analytique ».

Il n'y avait que quelques jours que j'étais à son service que déjà, plusieurs fois, la police m'avait fait savoir que Madame Edith Rockefeller n'avait pas plus le droit que les autres de rouler en automobile, étant donné que les autorités militaires avaient interdit la circulation particulière, sauf pour les camions et les automobiles des docteurs. Je pensais bien qu'avec son influence et les relations que j'avais gardées au service automobile de l'Etat-Major, on pourrait arranger l'affaire, mais il fallait d'abord lui en parler. Je l'avertis donc, un matin, en revenant de l' « analyse » à Kussnacht, de ces nouvelles restrictions et interdictions. Mais j'avais à peine prononcé trois mots qu'elle me lança un regard foudroyant, en mettant son doigt sur ses lèvres, puis elle me dit d'un ton courroucé : « Savez-vous... je ne veux pas que l'on m'adresse la parole... sans que je l'autorise! » Et elle rentra majestueusement dans l'hôtel.

Je restai d'abord ahuri de cette apostrophe, puis je me demandai quelle suite j'allais donner à cet incident. Le soir même, je demandai à Mademoiselle Emma, la secrétaire, de solliciter de Madame Edith Rockefeller un entretien urgent ; elle me répondit que Madame n'acceptait jamais aucun entretien avec personne.

— C'est bon, lui dis-je, dites à cette dame que je veux lui parler, ou que je quitte mon service séance tenante.

La secrétaire, un peu frappée par mon air décidé, alla aussitôt avertir la patronne ; au bout d'un court instant elle revint et me dit que Madame allait me recevoir.

A peine entré dans le fameux salon, je lui dis, du ton le plus correct que je pus garder, mais qui n'était pas précisément aimable :

— Madame, j'ai voulu ce matin vous faire des communications indispensables concernant la circulation de votre automobile, vous m'avez défendu de vous parler sans que j'y sois autorisé. Eh bien ! Madame, je n'entends pas être traité de la sorte, et toute grande dame que vous soyez, je n'en reste pas moins un homme.

Madame Edith Rockefeller me regarda avec des yeux encore plus grands qu'à l'ordinaire, mais son regard, cette fois, était très doux. Je ne pourrais pas en dire autant du mien. Nous nous fixâmes donc assez longtemps, après quoi elle me dit, d'une voix harmonieuse et chantante :

« Oh ! Ammann... j'aime beaucoup votre façon. Je ne savais pas... qu'il fallait... que vous me parliez, mais à partir d'aujourd'hui vous pourrez... toujours m'adresser la parole. Je n'aime pas parler à tout le monde, mais... comme vous êtes... analytique, avec vous... c'est différent. »

Ainsi, Madame Edith Rockefeller avait découvert en moi un « analytique » ! Elle me le fit bien voir, car aussitôt elle commença pour moi sa première leçon de psychanalyse, qui se prolongea près de deux heures, pendant lesquelles je fus initié aux principes de la science nouvelle du professeur Freud. Après quoi elle me dit : « Ammann, je sais que vous obtiendrez la permission de rouler en automobile, car vous êtes intelligent et votre volonté est forte. Occupez-vous comme vous voulez, mais je veux me servir de mes automobiles. » Puis elle me reconduisit à la porte du salon et me serra la main, comme à l'un de ses meilleurs amis.

Mademoiselle Emma, qui m'attendait dans l'antichambre, me fit remarquer que j'étais resté bien longtemps chez la patronne. (Encore !)

— Comment se fait-il qu'elle ait parlé deux heures avec vous, alors qu'avec aucun de vos prédécesseurs une seule parole n'était jamais échangée ?

— C'est que, fis-je d'un air important, il paraît que moi je suis analytique.

Elle me regarda d'un air d'admiration. Mademoiselle Emma était-elle piquée, elle aussi ?

Le soir même, j'allai à l'Etat-Major et je revins prendre mon service le lendemain matin. Quelques jours plus tard, après de laborieuses démarches, j'étais muni d'un permis spécial de circulation.

C'est à cette époque que j'ai baptisé la vieille 35-Renault « Caroline l'Analytique », puisque cette voiture ne servait à transporter que des « analysants » ou des « analysés ».

A quelques jours de là, Madame Edith Rockefeller, qui avait été, comme tous les matins, prendre sa leçon de psychanalyse à Kussnacht, chez le docteur Jung, rentrait à pied, suivant les préceptes de cette science, lorsque survint une forte averse. Comme je la suivais réglementairement à sept mètres avec l'auto, je crus bien faire d'accélérer pour la rejoindre, d'autant plus qu'elle avait oublié son parapluie.

En entendant approcher la voiture, elle se retourna et me fit signe du doigt qu'elle ne voulait pas monter. L'averse, pourtant, se transformait en un véritable déluge, et il y avait sur la route de grandes et profondes flaques d'eau, dans lesquelles elle « plongeait » au-dessus des chevilles. Malgré ce temps épouvantable, et qui ne cessa pas de la journée, elle rentra stoïquement à Zurich. Et moi, tranquillement assis sur le siège de sa limousine, je la suivis durant deux heures sous une pluie battante, regardant son chapeau se déformer de plus en plus, sa robe légère coller entièrement au corps, qui me parut être bien fait. Je ne vous cacherai pas que mes doutes sur l'équilibre mental de ma patronne se transformèrent en une solide conviction.

Dans l'après-midi, elle prit la peine de me démontrer (c'était ma deuxième leçon) que sa conduite s'expliquait tout naturellement par l' « analyse », qui lui avait dicté la décision de rentrer à pied sous la pluie battante. Autant que j'ai pu comprendre, c'était son habitude de rentrer à pied de Kussnacht, qu'il fît chaud, froid, de la pluie ou du vent. Or, ce jour-là, elle avait oublié son parapluie, elle qui ne s'en séparait jamais un seul instant : ce n'était pas normal. La logique lui dictait avant tout de rentrer à pied, puisque c'était son habitude. Qu'il plût à torrents, c'était évidemment regrettable : mais si le parapluie avait été oublié, il devait y avoir à cela une certaine raison cachée qui demandait à être analysée. Il ne fallait, sous aucun prétexte, changer les habitudes à cause d'un oubli. Cette leçon pourrait s'intituler : l'analyse du parapluie par temps de pluie.

Le parapluie, d'ailleurs, était fameux, et j'aurais bien voulu le posséder, non pas à cause de son histoire, mais de sa valeur propre, car il s'achevait par une grosse boule en or massif ; c'était un engin très lourd. Ma patronne ne s'en séparait que très rarement et, pendant les sept années que je suis resté à son service, je ne le lui ai vu oublier qu'une

seule fois, précisément le jour de l'averse.
Mais les destins des parapluies freudistes sont
inexplicables.

Ce parapluie lui avait été donné pour sa
fête, par son plus grand ami, le maëstro Campanini, devenu par la suite directeur de
l'Opéra de Chicago, que subventionnait royalement Madame Edith Rockefeller. Ma
patronne avait un vrai culte pour le maëstro
et on trouvait sa photographie partout. Il y
en avait une grande vis-à-vis de son lit et elle
lui faisait un salut et un sourire chaque fois
qu'elle entrait dans sa chambre à coucher. Le
maëstro habitait Chicago, mais ma patronne
le fit venir plusieurs fois à Zurich.

Pendant le voyage du bon maître, Madame
Edith Rockefeller était très nerveuse et,
comme on dit, pas à prendre avec des pin-
cettes. Son mari, son fils et ses deux filles ne
comptaient plus pour elle ; les domestiques
étaient maltraités, elle-même était cruelle
pour les animaux.

Au garage, c'était alors un branle-bas de
combat. Il fallait reviser tous les moteurs,
faire repeindre à neuf toutes les carrosseries.
Ma patronne, elle, faisait venir de Paris et
d'Allemagne les plus belles toilettes des plus
grands couturiers. Nous lui avons vu payer
des robes 45.000 francs suisses. Une paille !

L'arrivée du maëstro Campanini à Zurich

était, dans la vie de cette Américaine, une date mémorable. Il n'y avait que Monsieur que l'arrivée du maître n'agitait pas. Parfois le maëstro l'embêtait franchement et il trouvait toujours un voyage urgent à faire qui tombait fort à propos. Madame, elle, était transportée d'admiration, de joie et d'orgueil. Pendue au bras du maître, elle le « sortait fièrement » dans tous les endroits où il y avait du monde, promenades, concerts, théâtres. C'en était touchant.

Le maëstro, d'ailleurs, était un très bel homme, beau type, et elle pouvait être d'autant plus fière de l'avoir ainsi comme cavalier servant qu'elle-même n'était plus jeune, et puis il était préférable de demeurer assez éloigné de sa bouche. A elle aussi on eût pu appliquer ce mot cruel : « Qui ne dit mot qu'on sent. »

Le séjour du maëstro durait en général de deux à trois semaines, après quoi il retournait à Chicago. La dernière fois qu'il vint à Zurich, c'était en 1920 ; il est mort l'année suivante après une courte maladie. Je ne crois pas que ce soit l'admiration excessive de ma patronne qui ait abrégé sa vie.

II

Après la mort du maëstro, il fut question de rentrer aux Etats-Unis. Il semblait que ce fût bien, avec les moyens dont disposait la famille Rockefeller, la chose la plus simple du monde. Et pourtant c'était une affaire terrible, car Madame Edith Rockefeller ne pouvait pas voyager. Il paraît que pour venir en Europe elle avait dû faire venir à Chicago le professeur Jung, qui avait un procédé spécial grâce auquel seulement elle a pu traverser l'Atlantique. Ce que je puis affirmer, pour l'avoir vu, c'est que, à l'état normal, ma patronne ne pouvait mettre le pied ni sur un bateau, ni dans un train.

Il est facile de comprendre ainsi que le retour en Amérique semblait chose irréalisable. Ma patronne, d'ailleurs, était venue à Zurich pour quelques mois seulement, elle y demeura neuf ans, et chaque année on élaborait un plan de départ sans arriver à le mettre à exécution.

Le premier essai sérieux pour quitter Zurich date de 1916. Madame Edith Rockefeller me dit un jour :

— Ammann... je veux retourner en Amérique, mais, comme je ne... veux... pas prendre le train, il faut que je m'entraîne à faire de longues distances en automobile. »

Le lendemain même commença notre entraînement. Et quel entraînement ! Sévère, fatigant, illogique et complètement idiot.

C'était un matin, vers huit heures. J'attendais ma patronne au bas du perron. Elle arriva avec sa secrétaire qui me dit qu'elle allait apporter les bagages. Un valet les apporta. C'étaient deux petites valises à main pesant peut-être deux ou trois kilos. Chacune renfermait un nécessaire de toilette et une chemise de nuit.

Les dames s'installèrent confortablement dans l'automobile en s'enroulant dans de chaudes couvertures, bien qu'on fût en plein été. J'attendais les ordres sur mon siège : voyant qu'ils n'arrivaient pas, je descendis pour demander la direction du voyage. Ma patronne sembla sortir d'un rêve et me dit :

— Aoh !... Ammann... c'est vrai... où pourrions-nous aller ?

Je répondis :

— Madame, partout où vous voudrez.

— Eh ! bien... à Saint-Gall...

— Bien, Madame...

Je mettais en première vitesse et démarrais lorsqu'elle frappa au carreau qu'elle baissa et me dit :

— Ammann... je crois... je pense... que c'est mieux d'aller à Bâle.

— Si vous voulez, Madame.

J'allai donc vers Bâle tout en me demandant si elle n'avait pas l'intention de passer la frontière. Et comment ferait-on, à cause des passeports ? Je n'en avais pas. Bah ! disais-je, on verra bien ! Avant d'arriver à Baden-les-Bains, je ralentis en voyant le poteau qui indiquait : Vitesse maxima, huit kilomètres à l'heure... ». Le compteur kilométrique m'indiquait que j'avais marché à une allure moyenne de 65 à l'heure — et l'on sait qu'il faut, pour soutenir cette moyenne, marcher constamment entre le 85 et le 100. Devant le poteau indicateur, je faisais encore du 70. Madame frappa au carreau et me dit :

— Ammann... je ne veux pas... que vous marchiez si... lentement... parce que je suis pressée.

Je vous assure pourtant que, pour assurer ce service, il fallait mettre toute la sauce, appuyer sur le champignon, et savoir un peu tenir le macaron.

Enfin, nous arrivons à Bâle. Au milieu de la ville, ma patronne frappe à nouveau sur le carreau et me dit :

— Ammann, retournez à l'hôtel.

Une heure un quart après, j'étais de retour. Ces dames descendent de voiture; elles avaient la figure pâle et décomposée. Ma patronne, regardant sa montre, me dit :

— Ammann... c'est très bien fait ! vous avez mis, pour aller à Bâle, une heure quatorze minutes, et pour revenir ici, une heure et seize minutes. Alors... allez déjeuner très vite, parce que... je veux... repartir à deux heures dix minutes.

A l'heure indiquée, mes voyageuses montent en voiture et départ pour Saint-Gall par Winterthur et Wyl. Arrivé au centre de Saint-Gall, deux petits coups sur le carreau pour m'avertir qu'il fallait faire demi-tour et rentrer à Zurich. Cette première journée d'entraînement commençait à compter; cependant elle n'était pas finie, car ma patronne me dit le plus naturellement du monde, avant de regagner son appartement :

— Ammann, vous avez mis exactement autant de temps pour revenir de Saint-Gall que pour y aller. C'est tout à fait très bien. Je voudrais repartir après dîner, alors... je veux... que vous soyez prêt à dix heures et demie.

Je n'en pouvais plus. Je fus quand même exact au rendez-vous. A l'heure indiquée, ces dames font leur apparition et remontent en auto... pour Glaris. J'avais fait, ce premier jour, 480 kilomètres, ce qui est respectable pour un pays où il est interdit de marcher à plus de 35 à l'heure.

Devant l'hôtel de Glaris, ma patronne me dit :

— Ammann... vous coucherez ici, mais... je veux que la voiture reste devant l'hôtel, là où elle se trouve, parce que, peut-être... je changerai d'idée cette nuit, et alors... il faudra rentrer à Zurich.

— Bien Madame, c'est entendu.

Je m'arrangeai pour laisser l'automobile sur place, et je montai aussitôt dans ma chambre pour dormir d'un sommeil bien gagné.

Le lendemain matin, vers sept heures et demie, la secrétaire me prévint que Madame voulait rentrer à Zurich. Une demi-heure plus tard, nous quittions Glaris et arrivions à Zurich vers dix heures et demie. Ces dames descendirent de voiture toutes courbaturées et fort pâles, et Madame, avant de monter dans son appartement, me dit :

— Ammann... restaurez-vous bien... parce que... je veux... repartir d'ici une heure. Hier, c'était si bien fait !

Le temps de remettre l'auto en état, de graisser, faire le plein d'essence, l'heure était arrivée de continuer... l'entraînement. En effet, ces dames apparaissaient, avec leurs valises miniatures, s'installaient à leurs places respectives et en route... pour Berne. A peine arrivés dans la capitale, j'entends les deux petits coups au carreau : demi-tour par principe et retour à Zurich.

Cet « entraînement » a duré deux mois sans arrêt. Au bout de la première semaine, je me sentais raide comme un bout de bois, et me demandais si je pourrais continuer ce métier étonnant. Mes bras et mes jambes étaient endoloris, et j'avais si mal aux reins que je ne pouvais plus me baisser. La tension nerveuse m'empêchait de dormir ; à chaque instant, je me réveillais en sursaut, tout tremblait sous moi, j'avais l'impression d'être secoué comme en auto et de manœuvrer continuellement le volant. La deuxième semaine, l' « entraînement » faisant son effet, je devins comme un automate et, petit à petit, la fatigue disparaissait.

A partir de la troisième semaine, j'étais complètement « prêt » et je ne m'inquiétais plus du kilométrage à effectuer. J'abattais cinq cents kilomètres journellement avec autant de facilité que s'il eût fallu faire une promenade au bois. Par contre, mes voyageuses commençaient à se vanner sérieusement. Continuellement, elles dormaient dans l'auto, et plusieurs fois, arrivés devant l'hôtel, il fallut les réveiller pour les faire descendre.

A la fin du premier mois. d' « entraînement », j'ai fait le relevé des kilomètres parcourus et de la consommation de carburant : nous avions fait 12.690 kilomètres, soit une moyenne de 423 kilomètres par jour, avec une consommation de 3.276 litres d'essence, soit 110 litres par jour, 23 litres aux 100 kilomètres, plus 380 kilos d'huile.

Cette consommation me posa bientôt le problème du ravitaillement en essence : il n'y en avait plus une goutte en Suisse. J'étais obligé de m'occuper moi-même de la question, comme j'avais fait pour le permis de circulation, car Madame Rockefeller s'en remettait à moi de tout cela — elle était d'ailleurs parfaitement incapable de faire quoi que ce fût de pratique ou même de raisonnable. J'avais conservé de bonnes amitiés à la section automobile de l'Etat-Major et j'allai aux renseignements : on m'apprit que les services

de l'armée eux-mêmes manquaient d'essence :
je voyais arriver le moment où nous serions
immobilisés. C'est alors que j'eus l'idée de
faire venir de la benzine directement de la
source, c'est-à-dire de la maison du père de
ma patronne, Sa Majesté le roi du pétrole.
Les citernes arrivèrent sans encombre à la
frontière suisse, mais là, les difficultés recom-
mencèrent : les autorités suisses refusaient le
droit d'importation et prétendaient saisir la
benzine. Je me rendis à nouveau à l'Etat-
Major. Je proposai de leur céder la moitié de
mon essence au prix coûtant, lequel était de
vingt-sept centimes le litre, alors que l'essence
valait deux francs en Suisse, à condition que
je pusse obtenir le permis d'importation. Le
prix de l'essence ainsi fournie à l'Etat-Major
devait m'être payé en bandages et chambres
à air. La combinaison réussit, et je pus impor-
ter ainsi 60.000 litres d'essence et me ravi-
tailler en outre en pneumatiques.

Mais, au cours de ces « négociations », j'eus
l'occasion d'apprendre encore bien des choses.
Je me suis trouvé en plein milieu d'espionnage. Zurich était le centre de tous les espions
du globe et je connus bientôt les sièges du
contre-espionnage de la France, de l'Italie, de
l'Angleterre, du Japon et de l'Amérique.
Déjà, pendant mon service militaire, j'avais
reçu des offres de différentes nations que je

n'avais pas acceptées. A l'époque dont je parle, je répondis, dans une certaine mesure, à une demande du bureau de renseignements français. J'ai vécu alors dans l'entourage des espions internationaux dont je connaissais les terrains de travail, les lieux de rendez-vous, les domiciles, etc., etc.

Ennemis, je les voyais parfois attablés ensemble et même jouant aux cartes ; ce qui ne les empêchait pas de se jouer des tours de cochon dont le plus classique consistait à faire croire au copain qu'il était « brûlé », ou de casser un carreau de sa fenêtre, ou bien encore de forcer sa boîte aux lettres ; aussi changeaient-ils souvent de domicile, de nom, de profession et même d'allure, de tête, de silhouette.

Lorsque j'étais au service français, je fus aussi une fois grillé par un Suisse et par un Allemand ; l'aventure faillit me coûter très cher. La Suisse m'avait signalé à Berne, ce qui me créa de nombreuses difficultés avec le gouvernement de mon pays, mais je pus toujours, heureusement, faire aplanir ces histoires grâce à l'influence de ma patronne et par mes relations à l'Etat-Major. L'Allemand trouva un moyen plus ingénieux : il avait réussi à me faire passer pour un espion allemand aux yeux des autorités de la frontière française ; de sorte qu'un jour où j'allais à Bellegarde pour mon essence, je fus arrêté comme espion au service de l'Allemagne. Le commissaire spécial de Bellegarde croyait déjà avoir fait une bonne prise et il ne me cachait pas que j'étais « fait » comme un lapin. Heureusement, la fouille prouva par des faits indiscutables que ce n'était pas le cas, puisque je portais sur moi des lettres qui m'avaient été remises par les aviateurs français Gilbert, Madon, Martin et Pary, alors internés en Suisse et dont je préparais l'évasion.

Grâce à ces pièces, je fus remis en liberté séance tenante ; mais si je n'avais pas possédé ces documents irréfutables, ma situation aurait été très délicate et j'aurais très bien pu avoir le même sort qu'un autre Suisse de ma connaissance qui, malgré sa parfaite innocence, fut condamné à dix ans de prison.

Une fois réglée la question de l'essence, l'entraînement reprit de plus belle, sous une autre forme qui n'était pas moins pénible que la première. Madame Edith Rockfeller, en effet, avait changé de méthode. Un jour, elle me dit :

— Ammann... maintenant je peux faire de longues tournées en automobile, mais le professeur Jung... veut... que j'apprenne à voyager en chemin de fer. Alors je... veux... que vous m'ameniez à la gare pour le train de Rapperswyll qui part à neuf heures ce matin.

Vous vous assurerez que je suis bien partie, et après vous marcherez très vite afin de me rejoindre à la prochaine gare, car, sans doute, je descendrai.

Je conduisis donc ma patronne à la gare. Je l'observai à distance, je la vis monter dans son wagon, et j'attendis le départ du train. Au coup de sifflet donnant le signal du départ, je la vis se précipiter hors de son compartiment et sauter sur le quai. Elle revint vers moi :

— Ammann... dit-elle, je pense... je crois... que je ne veux pas prendre le train aujourd'hui, mais peut-être... me déciderai-je demain. Je veux... rentrer à l'hôtel à pied, mais suivez-moi avec la voiture.

Le lendemain matin, je fis le même manège ; je la conduisis à la gare pour des prunes. L'après-midi, après avoir été « analysée » par le professeur Jung, elle décida d'essayer encore une fois. Cette fois-ci, elle partit ! Et moi, naturellement, je fonçai à toute vitesse vers la prochaine gare. Le train venait d'arriver à la station ; ma patronne était déjà à la fenêtre de son compartiment, et m'attendait avec impatience. Elle me dit :

— Je veux... aller encore plus loin ! Mais il faut... que vous marchiez encore plus vite, de manière que vous soyez à la gare avant le train.

— Bien, Madame, lui répondis-je, mais j'ajoutais *in petto* :

— Si vous saviez le temps que je perds pour traverser les villages, chercher les gares, etc., vous verriez qu'il est impossible de marcher plus vite. Et, en effet, je dépassais le cent à l'heure : c'était une véritable course à la mort.

Enfin, cet entraînement dura deux mois, jusqu'au moment où les voitures eurent été hors d'usage. Ce qui m'amusait c'est que, devant cette folle dépense d'essence et d'huile, devant cette hécatombe de pneus, tout le monde se demandait où je pouvais me procurer tout ce matériel, qui faisait alors absolument défaut en Suisse.

Malheureusement, les résultats de l'entraînement au chemin de fer ne correspondaient pas aux efforts qu'elle — et moi — y avions consacrés si longtemps.

Un jour, Madame Rockefeller fut invitée par les autorités à Parme pour assister à l'inauguration d'un monument à Verdi qu'elle avait offert à la ville natale du grand musicien. Elle devait s'y rendre en chemin de fer, un wagon spécial avait été commandé et attelé au train. Tout le monde était prêt : Madame, le professeur Jung, gouvernantes, valet de chambre, coiffeur, etc., etc., la cour habituelle. Arrivée devant le wagon, ma patronne, qui avait déjà mis un pied sur le marche-pied, hésite un instant, puis dit tranquillement :

— Je crois... que je pense... que je ne... veux... pas partir.

Et elle fit demi-tour avec toute sa suite, suivie de tous les chariots de bagages. Le chef de gare de Zurich, qui était venu pour la saluer au départ, en était outré, d'autant plus qu'elle était arrivée en retard sur l'horaire et qu'il fallait maintenant dételer le wagon. L'express partit enfin, avec un bon retard, pendant que nous rentrions tous à l'hôtel.

Le lendemain, le chef de gare fit demander ce qu'elle pensait faire au sujet de son wagon. Elle répondit qu'il fallait le lui garder jusqu'à nouvel ordre, ce qu'on fit moyennant cinq cents francs par jour de location. Elle finit par s'embarquer tout de même, huit jours après cet incident, et partit pour Parme. Malheureusement, la fête d'inauguration avait eu lieu à la date fixée et plus personne n'attendait l'illustre donatrice. Le maire de Parme organisa néanmoins pour le lendemain une petite cérémonie qui dura une demi-heure. Après quoi, ce fut le retour vers l'hôtel, puis à Zurich.

III

On a pu se rendre compte du genre de
femme qu'était Madame Edith Rockefeller.
C'était une personne d'une cinquantaine
d'années, de taille moyenne, mais bien pro-
portionnée. Sous ses cheveux grisonnants, une
figure irrégulière, et plutôt laide, mais éclai-
rée par deux yeux immenses, au regard profond. Elle était négligée de sa personne, à un
point qu'il était pénible de demeurer à ses
côtés. Elle prenait un bain une fois par mois,
et le reste du temps n'accordait aucun soin
à son corps pour concentrer toute son attention sur l'analyse psychique. Son linge était

aussi mal au point que le « reste » et elle ne
le quittait qu'à la dernière extrémité, on peut
même dire trop tard. Quant à sa bouche,
c'était le dentiste qui était chargé de la net-
toyer et de l'arranger, elle n'y touchait jamais
elle-même. Elle aimait d'ailleurs aller chez le
dentiste, et disait à sa secrétaire, après la
séance :

— C'est vraiment dommage qu'il ait fini
avec moi, car c'est si bon de s'asseoir sur son
fauteuil, et surtout lorsqu'il travaille avec ses
outils. J'aime beaucoup, vous savez, quand
il gratte dans les dents ! Et quand il touche le
nerf !! Oh ! alors ! je voudrais toujours rester
sur son fauteuil, car c'est si merveilleux !

Cette bonne loufoque était d'ailleurs
extraordinairement courageuse : c'est ainsi
qu'un jour, au cours d'une petite opération à
la matrice, le docteur lui demandait s'il lui
faisait mal :

— Oh ! non, docteur, dit-elle simplement,
je trouve que cela me fait du bien.

L'endroit s'y prêtait évidemment !

Une autre fois, elle souffrait de l'oreille.
Le médecin, appelé, lui dit :

— C'est un petit abcès, je vais l'ouvrir.
C'est assez douloureux, mais cela sera vite
fait.

— Alors, docteur, fit ma patronne, opérez
lentement, mais bien.

Elle était aussi hantée par l'idée qu'elle n'avait pas assez d'argent, ou qu'elle pourrait en manquer. L'une de ses sœurs s'est suicidée en Italie parce qu'elle croyait qu'elle pourrait ne plus avoir d'argent !

Elle disait à sa secrétaire :

— Je ne comprends pas pourquoi tout le monde dit que je suis riche ? Pourtant, je ne le suis pas, car mon argent me suffit à peine. C'est mon père qui est riche, ce n'est pas moi. Je veux même, ajoutait-elle, aller prendre des leçons à l'école ménagère de Zurich, car on ne sait jamais ce qui peut arriver dans la vie. La psychanalyse m'a d'ailleurs appris qu'il ne serait pas impossible que je dusse gagner ma vie, un jour.

Ainsi fut fait, et Madame Edith Rockfeller se fit inscrire à l'école ménagère.

Les professeurs étaient surpris de voir arriver cette élève « sensationnelle », mais elles se gardèrent d'en laisser rien voir, et ma patronne débuta courageusement, avec les petites filles, par le récurage des casseroles. Il paraît que ce travail ne la rebutait pas ; elle s'en tira à la satisfaction de ses maîtresses. Au bout de quelques jours, on la mit à la confection des plats, et c'est là que les difficultés commencèrent. Il paraît qu'elle n'arrivait pas à casser les œufs sur le plat. « Pour une omelette, disait-elle, c'est plus facile, et je sais très bien les casser. »

Elle apprit ensuite à cuire le bifteck. C'était le cours élémentaire ; puis à faire le ragoût de mouton : il paraît qu'elle alla jusqu'à la confection de la dinde rôtie. Mais elle refusa toujours d'apprendre à préparer les hors-d'œuvre, « parce qu'elle n'en mangeait jamais ».

Quelque temps après, elle se fit inscrire à une école d'apprentissage des arts industriels, et fit de la sculpture sur bois et de l'emboutissage de métaux en feuilles, mais cela dura moins longtemps encore que la cuisine, et elle abandonna tout cela, sous prétexte que cela nuisait à la psychanalyse.

Si ces travaux n'eurent pas de succès, du moins, pendant les leçons de ses professeurs, tricotait-elle toujours des cache-nez, des manchettes ou autres objets de laine pour les soldats. Elle avait encore un talent qui m'a frappé, c'était d'écrire très lisiblement, sans jamais regarder son papier. Elle tenait très régulièrement son journal et écrivait n'importe où : en automobile, en regardant le paysage à droite et à gauche, aussi bien que dans son salon, en recevant quelque visite et sans cesser, à son habitude, de fixer son interlocuteur dans les yeux.

Miracle du freudisme !

Son mari, Harold, était un bon garçon hurluberlu, mais ni dangereux ni désagréable, et qu'on aurait fort embarrassé en lui demandant de couper du beurre. Il était d'une correction parfaite ; excessivement soigné de sa personne, il prenait un bain chaque jour, contrairement à son épouse. Or, en 1916, et par ordre du Conseil fédéral, l'hôtel Baur supprimait l'eau chaude des bains trois fois la semaine par mesure d'économie, car le charbon manquait en Suisse. Cela ne faisait pas l'affaire de Monsieur qui, dès le premier jour des restrictions, fit acheter une douzaine de réchauds à alcool qu'il alluma sous sa baignoire.

Bien entendu, la baignoire, qui était en faïence, se fendit, et toute l'eau coula de sa salle de bains dans son salon. Il se mit aussitôt à pousser de grands cris, nous appelant moi et tout le personnel qui se trouvait là. Nous le trouvâmes sautant de joie dans son salon, montrant du doigt ce déluge en se tordant de rire, disant qu'il n'avait jamais rien vu de si « gai ». Cependant, la baignoire cassée finissait de rendre son eau, qui, s'infiltrant à travers le plancher, commençait à tomber sur la tête des clients en train de déjeuner dans la salle à manger placée juste au-dessous de son salon. Le directeur, averti de l'incident par la pluie artificielle qui tombait au rez-de-chaussée, fit éponger par ses employés l'eau qui restait dans le salon : cela coûta dix mille francs à mon patron, qui trouva que ce n'était pas cher pour le plaisir qu'il avait pris.

Un autre matin, il sonna furieusement tous les domestiques : on se précipita ; il était au milieu de sa chambre, plié en deux et pleurant comme un enfant, parce qu'il avait mal dans le dos, et qu'il savait bien qu'il ne pourrait plus jamais se redresser. Il s'interrompait pour appeler un médecin à grands cris, puis il reprenait ses lamentations et ses pleurs.

— Comment vais-je faire, disait-il au milieu de ses larmes, si pendant toute ma vie je dois rester dans cette position ?

Lorsque le docteur, appelé d'urgence, arriva, Monsieur était déjà redressé. On lui expliqua bien qu'il n'aurait pas dû avoir peur, que c'était une courbature qui n'immobilise que quelques instants, mais il ne fut pas très rassuré, et alla voir encore un autre médecin.

Le lendemain, la courbature n'ayant pas reparu, la confiance revint, et il voulut fêter dignement son retour à la santé. Il organisa donc une partie fine, avec trois de ses amies. Il fit des provisions de victuailles, homards, viandes et poulets froids, desserts variés et une « petite cave » de champagne : il m'emprunta encore un phonographe que j'avais, fit charger le tout dans l'automobile et en route pour un petit village perdu, au fin fond du canton de Glaris, où sa « guérison » fut célébré par une « bombe » à tout casser. Mon travail, pendant ce joyeux intermède, était de remonter le phonographe et de changer les disques. Ce n'aurait pas été bien réjouissant si je n'avais eu la consolation, comme on dit, de me rincer l'œil... J'en profitais largement.

Un jour, Monsieur me dit : « Ammann, s'il vous plaît, venez me chercher à deux heures, mais derrière l'hôtel, à la porte de l'escalier de service, et faites attention que personne ne vous voie ; laissez la voiture dans les environs... »

A l'heure indiquée, j'allai chercher le patron. Il m'attendait, portant un petit paquet sous le bras.

— Ne dites à personne, fit-il, que je pars avec vous, surtout pas à Madame !

Je le lui promis, et nous voilà partis. Nous descendons l'escalier de service ensemble ; à la porte, coup d'œil méfiant à droite et à gauche pour s'assurer qu'il n'y avait personne qui pût nous voir, et, d'un bond, en voiture. Je prends le volant et démarre : « A Genève », me dit-il. J'étais un peu étonné, car il m'avait dit cela d'un ton tout naturel, et comme il m'aurait dit : « Chez le coiffeur » ; or, de Zurich à Genève, il y a deux cent cinquante kilomètres. Heureusement que toutes les voitures étaient toujours prêtes et que j'avais soin d'être paré pour toute éventualité.

Nous arrivâmes donc à Genève sans incident. Il me fit arrêter devant la gare Cornavin et me dit, en descendant :

— Alors, Ammann, c'est entendu : pas un mot à personne ; vous pouvez retourner à Zurich. Au revoir ! » Et il me tendit la main. Je rentrai à Zurich le plus rapidement possible, en me demandant ce qu'il allait faire, mais, je dois le dire, sans me creuser la tête bien longtemps. Le lendemain, Emma (je crois vous avoir dit qu'Emma était la secrétaire), Emma me demanda si j'avais vu Monsieur, car tout le monde le cherchait. Je lui dis que non. Pendant huit jours on resta sans nouvelles, et le neuvième jour on reçut un télégramme de New-York nous affirmant qu'il était bien arrivé. Environ un mois après il revenait à Zurich tout joyeux et tout heureux ; mais je n'ai jamais compris pourquoi il avait fait tant de mystère, car il est certain que n'importe qui, ne le connaissant pas, l'ayant vu sortir de l'escalier de service avec son petit paquet sous le bras, l'aurait pris pour un cambrioleur plutôt que pour Monsieur...

En somme, il se conduisait en tout comme un gamin de huit à dix ans, se créant les mêmes plaisirs enfantins et parfaitement incapable de rien faire raisonnablement.

Il fut invité une fois par un ami à faire une partie de pêche, qui devait être miraculeuse : il s'agissait de pêcher la truite à la volée. Ce n'est pas là, on le sait, un exercice très facile pour n'importe qui, à plus forte raison pour le patron, maladroit de ses mains et de sa personne comme il l'était.

Enchanté de l'occasion, et tout réjoui à l'idée de cette partie de pêche, il ne s'occupa plus que de cela ; il se mit à faire des achats pour s'équiper en pêcheur à la ligne : costume, bottes, lignes, épuisettes et engins divers, appâts... Que sais-je encore ? Cela lui coûta une « pièce » de quatre à cinq mille francs. Il avait l'air d'un vrai Tartarin. Le grand jour arriva ; en deux heures de voitures, nous arrivâmes sur les lieux ; son ami lui fit voir comment il fallait jeter la ligne à la volée. Le patron, à son tour, voulut essayer, mais, au premier coup, il fit un faux mouvement et tomba à l'eau. Il faisait assez froid, car l'automne était déjà très avancé ; aussi, à peine sorti de son bain forcé, il déclara qu'il voulait rentrer. A défaut de poisson, il rapportait un rhume qui l'obligea à garder la chambre plusieurs jours.

Jamais plus il ne voulut entendre parler de pêche à la ligne. On le conçoit.

Le personnel comprenait trois chauffeurs, une secrétaire, deux gouvernantes, un coiffeur et un valet de chambre. Je ne parle, bien entendu, que du personnel attaché à leur service à Zurich, et je ne compte pas celui qui est resté à Chicago et qui a été payé intégralement pendant neuf ans.

Pendant les trois premières années du séjour à Zurich, Madame eut, en outre, une sœur garde-malade pour passer les nuits auprès d'elle ; la sœur l'accompagnait aussi à Kussnacht quand elle allait se faire analyser.

A chaque instant, et sans avoir besoin de rien, la patronne demandait si tous les domestiques étaient là ?

— Est-ce que Baptiste est là ?

Baptiste était son coiffeur personnel qu'elle avait amené de Chicago. Il était royalement payé, et recevait, je crois bien, cinq cents dollars par mois ; bien entendu, il était logé et nourri à l'hôtel. Baptiste n'a plus touché un peigne, ni les cheveux de la patronne depuis plusieurs années, mais il a toujours le même salaire, et même un supplément, car, s'ennuyant à Zurich, il a décidé d'aller vivre à Lugano. C'est d'ailleurs un homme fort intelligent, qui parle couramment le français, l'anglais, l'allemand et l'italien.

Mademoiselle Beley était une vieille gouvernante à la chevelure d'argent, qui a élevé les deux filles de la maison ; il paraît qu'elle a eu beaucoup à faire, car ces deux jeunes personnes étaient des enfants terribles, et particulièrement insupportables. La pauvre Mademoiselle Beley en a vu de toutes les couleurs ; mais maintenant que ses élèves sont grandes, elle mène une vie paisible et tranquille. Logée dans un superbe appartement de l'hôtel, bien payée, elle n'a plus aucun souci matériel, et se laisse vivre confortablement.

Le valet de chambre, Anglais d'origine, n'est pas à plaindre non plus ; il « comprend les choses ». D'ailleurs, il est attaché au service de Monsieur. En principe, il ne travaille plus. Dans le temps, il était le valet de pied de ma patronne, ce qui était moins réjouissant ; aujourd'hui, il porte les lettres à la poste et cire une paire de chaussures par jour. Dernièrement il s'est marié en Angleterre ; il est revenu à Zurich, s'est installé avec sa jeune femme et coule une existence tranquille.

La deuxième gouvernante a été engagée pour seconder Mademoiselle Beley : je dois avouer qu'elle était, la plupart du temps, introuvable, son travail lui donnant la plus grande liberté : personne ne s'occupait jamais d'elle... quand je dis : personne, je parle de ses élèves et des patrons, car il ne manquait pas de jeunes gens qui « s'occupaient avec ».

Elle faisait son choix, chose difficile, paraît-il, car je crois qu'il n'est pas encore fait ; et toute à cette occupation, on ne la voyait jamais.

De tout le personnel, nous étions deux à la maison à avoir un travail pénible, parce que nous étions sans cesse à la disposition de Madame, la secrétaire Mademoiselle Emma et moi. Et certes, à part les deux autres chauffeurs qui faisaient leur service normalement, nous avions plus de travail à nous deux en un jour que tout le reste en une année. Mademoiselle Emma était une véritable prisonnière, comme moi-même d'ailleurs. Pendant plus de quatre années, nous n'avons pas eu un seul jour complet de liberté. Dans mon service, je devais toujours être prêt à toute heure de jour et de nuit ; je n'avais pas le droit de m'absenter de l'hôtel ; et, pendant un certain temps, bien que marié et logeant en ville, je dus coucher à l'hôtel pour être prêt à répondre au premier appel.

La secrétaire était encore plus tenue que moi : le premier coup de sonnette l'appelait à huit heures du matin ; depuis ce moment, elle ne quittait plus la patronne avant une heure du matin, ce qui faisait seize heures de présence. C'est pendant cette période que je devins l'ami d'Emma; Madame, bien entendu, était au courant de notre intrigue puisqu'elle l'encourageait, et avait pris l'initiative d'arrangements en conséquence. Douce existence et psychanalyse !

Cette double vie a continué plusieurs années et ne se termina, comme on le verra, que le jour où je quittai la maison, à la demande de ma femme qui avait fini par connaître ma liaison.

Madame avait aussi un fils, Monsieur F..., dont je n'ai pas encore parlé : c'est sans doute parce qu'il était le seul de la famille qui fût sain, normal et bien équilibré. J'ai conservé le souvenir d'un jeune homme très bien, dont, à ma connaissance, on n'a jamais eu qu'à se louer.

IV

En 1917, Madame Rockefeller fonda un club de psychanalyse. Comme on le voit, les leçons de Kussnacht portaient leurs fruits, et l'élève était en train de passer maître; en tout cas, l'adepte était précieux pour la science nouvelle. Elle commença par louer, fort cher, un hôtel particulier qui avait appartenu au colonel Vogel, puis elle le fit installer et meubler suivant ses goûts. Une directrice, trois bonnes, une cuisinière et un homme à tout faire furent embauchés. Le club était prêt à fonctionner. Il fonctionna d'une curieuse façon. Au début, on comptait vingt membres qui devaient bénéficier de la psychanalyse.

Tous les jours, il y avait des réunions présidées par le docteur Jung, Mademoiselle Wolff et d'autres professeurs. Sur quoi portaient les leçons. A quoi servait le personnel ? Je ne saurai le dire, car l'entrée de la maison était rigoureusement interdite à tous les non-affiliés. Ce club ressemblait à quelque loge maçonnique, mais en moins sérieux.

En dehors du club et des « leçons » à Kussnacht chez le docteur Jung, dans les heures de liberté qui lui restaient, Madame Rockefeller recevait, à son hôtel, des... élèves qu'elle « initiait » à la psychanalyse. La plupart de ceux-ci, je dois le dire, n'avaient pas l'air bien sérieux. Si quelques-uns étaient poussés par la curiosité, la plupart venaient uniquement pour taper ma patronne, laquelle était très large pour ceux qui s'intéressaient à la psychanalyse.

Un jour, il y eut, à l'hôtel, une scène assez bruyante et qui nous divertit fort. Une jeune fille qui, je le savais par Emma, n'avait que trop profité déjà de la générosité de « sa » professeur, se vit refuser, à la fin de sa « leçon », quelques louis.

Au moment d'être congédiée, l'élève se fâcha, éleva la voix et menaça de faire du scandale.

Ma patronne, qui n'aimait guère le bruit, s'adressa à son cœur :

— Vous savez bien, Mademoiselle, lui dit-elle, je vous ai appris... qu'il fallait se donner corps et âme à cette science, et avoir confiance en elle. Alors un changement s'opère dans le disciple. On se détache complètement du matérialisme pour vivre dans le spiritualisme !...

L'élève répondit en hurlant au maître :

— Tout ça, c'est de la blague ! Vous mentez ! Ou alors, prouvez-moi par des faits que votre psychanalyse peut me donner à bouffer !

Ma patronne le lui prouva une fois de plus en lui donnant de l'argent. On ne revit point cette matérialiste.

Un autre élève a mieux réussi. Etait-il plus habile ? plus sympathique ? plus patient ? Au bout de quelques leçons, il devint subitement propriétaire d'une superbe villa sur le Zurichberg, le quartier aristocratique de la ville.

— Voilà où conduit la psychanalyse, disait ma patronne.

Hélas, j'étais aussi « analytique » et je n'ai jamais reçu de villa somptueuse à Zurich ; aussi je pense que si, pour ma patronne, donner des leçons était une science, il devait y avoir pour ses élèves un art de « profiter avec », comme disent les Belges.

Monsieur Wolf-Ferrari est maintenant possesseur de sa riche villa. Le pétrole du père Rockefeller payait toutes ces folies.

La psychanalyse n'était pas la seule science à quoi le professeur Jung ait su intéresser ma patronne.

Il connaissait des gens étranges.

Un jour, un monsieur portant des lunettes d'or se fit recevoir par Madame Rockefeller. L'entrevue fut très longue ; le lendemain et tous les jours suivants, d'autres eurent lieu. Au bout de quelques semaines, quoiqu'elle eût gardé le plus grand secret sur l'objet de ces conversations, j'appris par Emma que le visiteur était le plus grand inventeur des temps modernes. Inventeur de quoi ? Mystère ! mais inventeur, le plus inventeur des inventeurs. Au demeurant, personne n'était au courant de l'affaire, hormis ma patronne, le professeur Jung, l'avocat Dr. Kerler-Huguenin et, naturellement, l'inventeur.

Un laboratoire avec tous les instruments nécessaires fut monté chez le Dr. Keller-Huguenin. Cela ne coûta qu'un petit million de francs suisses déposé en banque au nom de l'inventeur par ma patronne, qui en avait l'habitude !

Le travail commença alors avec ardeur, avec rage. Le professeur Jung était jour et nuit au labo, ma patronne ne vivait plus qu'au milieu des cornues. J'attendais des sept

et huit heures Madame, quand ça n'était pas
des nuits entières. Une fois, vers la fin de
l'expérience, j'y restai vingt-quatre heures !
A plusieurs reprises, j'ai dû aller chercher
des sandwiches et des boissons chaudes, car
tout le monde était affamé. J'avais bien essayé
de regarder à l'intérieur, je ne vis rien, car
tout était calfeutré. Il n'y avait d'ouvert
qu'un vasistas sur le toit, par où s'échap-
paient continuellement des torrents de fumée.

On approchait de la grande expérience, et
ma curiosité devenait très vive.

Enfin le grand jour arriva.

C'est un spectacle qui restera toujours
devant mes yeux que celui de ces quatre
figures navrées, vaincues. Jamais, je crois, je
ne verrai plus rien d'aussi piteux que ce qua-
tuor sortant du laboratoire mystérieux. Leur
désespoir était justifié, d'ailleurs, pour ma
patronne du moins. L'expérience n'avait pas
réussi, la découverte était « loupée ». Le
grand œuvre, que Nicolas Flamel et Nostra-
damus avaient, paraît-il, réussi : la fabrica-
tion de l'or, avait été raté par l'inventeur. dou-
blé du freudiste Jung. Sept semaines avaient
suffi à faire disparaître une petite fortune et
l'inventeur !

Le patron, lui aussi, faisait de petites
affaires, soit pour rendre service, soit pour
s'intéresser à quelque essai nouveau : sa con-

fiance était généralement mal placée ; mais, lui, à la différence de sa femme, il n'aimait pas être volé : et lorsqu'il s'en apercevait — souvent trop tard — il n'hésitait pas à en saisir les tribunaux. Aussi ses *clients* prenaient-ils plus de précautions avec lui qu'avec Madame Rockefeller.

Je l'ai vu accorder sa confiance à un certain Monsieur Bauer, qui lui demanda un jour dix mille dollars pour traiter une affaire dans laquelle lui-même, Bauer, avait des intérêts. Les dix mille dollars lui furent donnés séance tenante, sans aucune difficulté. A quelque temps de là, recontrant Monsieur Bauer, mon patron lui demanda où en était l'affaire. Bauer fit l'étonné, et lui dit, très naturellement :

— Mais, Monsieur, je ne vous dois rien, et je ne vois pas ce que vous voulez dire.

Le patron ne se tint pas pour battu, et porta plainte ; après l'enquête judiciaire, il fut constaté qu'il n'avait pas le droit de réclamer ces cinquante mille francs, étant donné qu'il avait signé l'engagement de ne jamais réclamer à Monsieur Bauer. Le papier était formel et bien en règle ; le coup était bien monté et avait été bien joué. Monsieur, qui était beau joueur, déclara que c'était « régulier ».

— Une autre fois, dit-il, je lirai avant de signer.

Ces cinquante petits mille francs suisses n'étaient rien pour lui, et l'affaire ne lui a pas retiré une minute de sa gaîté.

Une histoire d'aviation alla plus loin dans le pittoresque.

Il reçut un jour la visite d'un aviateur réputé, qui lui proposa une affaire d'or. Ce garçon avait combiné un avion qui ne pouvait plus ni se retourner, ni tomber en feuille morte (?). Cet appareil permettait même au pilote de se poser à terre comme une fleur ! C'était une merveille d'avion.

Monsieur s'intéressa à l'invention et finança l'affaire. Des ouvriers spécialistes furent embauchés. On les fit venir de partout. Des machines furent achetées. On loua une usine.

Au bout de trois mois, un appareil était monté. On fit les essais. Les résultats furent positifs, je dirai même définitifs. L'avion, à son premier vol, s'écrasa sur le sol.

Cette invention coûtait un bon million de francs suisses au patron, qui partit, dégoûté, abandonnant le matériel aux inventeurs, qui se le partagèrent avec les ouvriers spécialistes.

Autour de nous s'agitait, en outre, toute une bande de tapeurs professionnels.

Ceux-là étaient reçus par Madame Rockefeller, suivant l'humeur du jour, et sans aucun souci de proportionner les largesses aux besoins réels ni à l'intérêt du solliciteur.

Beaucoup de gens tuyautés connaissaient la meilleure façon de réussir. Comme il était impossible de l'approcher et d'adresser la parole à ma patronne à moins qu'on ne fût « analytique », ces braves gens venaient simplement se faire analyser : nous avons vu où on pouvait arriver par ce moyen hors duquel il n'y avait point de salut. C'est ainsi qu'un jour un blessé de guerre, estropié d'un bras, vint solliciter un secours. Madame était de mauvaise humeur, et, malgré les insistances de sa secrétaire, refusa catégoriquement : « Il y a, disait-elle, trop d'hommes qui simulent la misère, et je sais qu'il y en a qui font le manchot ou le boîteux sans l'être. » Le blessé s'en retourna comme il était venu.

Deux sœurs, ouvrières de fabrique, avaient écrit plus de dix fois pour obtenir un petit secours de... dix mille francs. Elles disaient qu'elles désiraient aller en vacances *avec leurs amoureux,* ayant travaillé plusieurs années sans se reposer. Il leur semblait naturel que Madame ne refusât pas ce petit secours. La patronne finit par les leur envoyer.

Une pauvre femme vint un jour, avec ses petits enfants, demander vingt francs pour acheter des pommes de terre afin que ses gosses puissent manger à leur faim. Madame refusa. Sa secrétaire donna le secours à sa place. La vraie misère n'avait pas cours.

Un étudiant écrivit une fois une lettre qui plut infiniment à Madame. Il lui demandait de lui donner un sou pour le premier mot de sa lettre, deux sous pour le second, puis quatre, et ainsi de suite jusqu'à la fin. La patronne, enchantée de la nouveauté du cas, donna l'ordre à sa secrétaire de payer ainsi la lettre de l'étudiant. Emma se mit aussitôt au travail : au vingt-cinquième mot, elle avait dépassé un million six cent mille francs, et la lettre avait plus de trois cents mots !

En apprenant ce résultat, Madame Rockefeller dit :

— Alors, je ne peux pas... parce que c'est trop. C'est dommage, il aurait dû... me demander un peu moins par mot.

Est-il utile de noter que le courrier de chaque jour était énorme, et presque exclusivement composé de demandes d'argent.

On y trouvait de ces adresses : « Madame la Milliardaire américaine, hôtel Baur-au-Lac, Zurich. »

Quant aux protégés, les « sujets » de psychanalyse mis à part, ils se recrutaient presque tous dans le monde du théâtre ou dans celui de la musique. A Zurich, ma patronne subventionna le Stadttheater; puis elle fonda une caisse des artistes, pour laquelle elle versa une somme de quatre cent mille francs, qui fondirent comme les neiges suisses, car, au bout de quelques mois à peine, les fonds vinrent à manquer. Les musiciens avaient tous besoin de la caisse. Nous avons parlé déjà du compositeur Wolf-Ferrari qui avait reçu la superbe villa du Zurichberg ; le célèbre artiste Moissi était, lui aussi, largement à l'abri des besoins matériels grâce à Madame Rockefeller, et rien ne lui était refusé. Il n'exagérait pas d'ailleurs et, contrairement à beaucoup d'autres, savait se tenir dans la mesure. Dame, pour un musicien !

Un autre protégé de mon Américaine, protégé de choix, fut le prince Alexandre de Hohenlohe.

On sait que ce prince allemand était ruiné. Avant la guerre il habitait un somptueux hôtel particulier, avenue du Bois-de-Boulogne ; il possédait aussi un beau château à Nice. A la déclaration de guerre, tous ses biens furent confisqués et mis sous séquestre. C'est alors qu'il vint se fixer à Zurich, à l'hôtel Baur-au-Lac, où il ne recevait que de maigres subsides du gouvernement allemand. Il frôlait la misère et n'arrivait pas à payer sa note d'hôtel.

Mise au courant de cette situation, ma patronne s'intéressa au sort du malheureux prince et paya sa pension. Il écrivait à la *Neue Zurcher Zeitung* des articles politiques très goûtés des lecteurs. Ses articles étaient neutres, tantôt critiquant la France et tantôt l'Allemagne. C'était son devoir, puisqu'il était l'hôte de la Suisse. Il était peut-être sincère.

Le prince Alexandre avait encore une vieille tante qui habitait Lausanne, et de laquelle il espérait un bel héritage. C'était la princesse de Wittgenstein, née princesse Bariatinska (?), qui mourut en 1918. Mais, contrairement à ses espérances, le prince n'hérita pas ; la succession fut partagée entre d'autres membres de la famille. Pour sa part, il eut un livre que la princesse avait reçu en 1846 de son grand ami le comte de Rambuteau, pair de France, conseiller d'Etat, préfet de la Seine et membre de l'Institut. . Ce livre était intitulé : *L'Hôtel de Ville de la Ville de Paris*. A la première page, on pouvait voir une superbe photographie du comte de Rambuteau accompagnée d'une spirituelle dédicace. La première partie relatait l'histoire de Paris depuis le douzième siècle jusqu'en 1846. La deuxième se composait d'une quarantaine de planches et estampes reproduisant les pièces d'architecture intérieures et extérieures, ainsi que les plans des sous-sols secrets de l'Hôtel de Ville, qui fut détruit par la Révolution en 1871.

Le prince, comme on pense, au lieu de se réjouir de ce souvenir, entra dans une violente colère en apprenant que sa tante ne lui laissait rien d'autre et donna l'ordre à son valet de chambre de détruire le livre. Si je connais aussi bien le livre du comte de Rambuteau, c'est que le valet de chambre du prince, ne sachant à son tour qu'en faire, je lui ai racheté pour vingt francs !

Lorsque ma patronne quitta Zurich, le prince retourna en Allemagne, emmenant avec lui son vieux serviteur qui ne l'avait pas quitté depuis 1914, bien qu'il ne fût pas payé. Ce domestique consentit à rester avec lui par dévouement, puis il espérait aussi qu'un jour le prince le relèverait de sa fâcheuse situation. Le prince était gravement malade : paralysé, il ne pouvait même plus se tenir debout. Il était d'une maigreur extraordinaire, n'ayant plus que la peau sur les os ; la morphine, dont il abusait, en avait fait un squelette vivant. Après une vie passée dans le plus grand luxe, le prince Alexandre se trouve aujourd'hui dans le dénuement le plus complet ; son fidèle domestique lui-même l'a quitté dernièrement, en lui intentant un procès, réclamant ses gages non payés depuis 1914.

V

Nous eûmes aussi — comme nous disions alors — un autre protégé, le plus malin de tous. Son arrivée dans le « cours » de Madame Edith Rockefeller marque une date, car ce jeune bougre est arrivé à changer les habitudes, et à bouleverser toute la vie intime de la famille.

Monsieur Krenn était un jeune homme de vingt-cinq ans, d'origine autrichienne. Habitant la Suisse, il était sous la menace d'un arrêté d'expulsion. N'ayant aucun moyen d'existence, il fit comme tous les fauchés de Zurich, il se fit « analyser ».

La combinaison était excellente, puisqu'après un mois de leçons quotidiennes, pour lesquelles il montrait sans doute une remarquable aptitude, Madame Rockefeller arriva à le faire naturaliser Suisse, évitant ainsi tout danger d'expulsion, et aujourd'hui le même Krenn est citoyen américain, habite Chicago où il vit sur le même pied que ma patronne, possédant des automobiles et... des millions de dollars qu'il a acquis en deux ans de psychanalyse.

Ce fut un élève extraordinaire, qui, en moins de rien, gagna l'estime, la confiance de ma maîtresse. Au début, il prenait trois leçons par semaine, puis il vint tous les jours, puis deux fois par jour, ensuite trois fois par jour. Au bout de quelque temps il n'y eut plus qu'une seule leçon, mais elle durait du matin jusqu'à minuit.

Naturellement ces allées et venues n'étaient pas sans attirer l'attention et les commentaires amusés non seulement de notre entourage, mais de toute la ville de Zurich, où l'on avait volontiers comme sujet de conversation du jour la dernière excentricité de Madame Rockefeller. Plusieurs personnes, bien qualifiées pour cela, essayèrent de lui faire comprendre que le scandale devenait toujours plus grand ; elle leur répondait chaque fois par sa formule préférée :

— *This is my problem, and I can do what I please.* (Cela est mon affaire, et je peux faire ce qui me plaît.)

Elle se gênait d'ailleurs de moins en moins et passait son temps avec son jeune élève. L'après-midi c'était la promenade en auto, tous les soirs le théâtre ou le cinéma, puis retour à l'hôtel pour un petit souper à deux servi dans sa chambre. Vers une heure du matin, nous voyions l' « élève » rentrer chez lui.

Les choses commencèrent à se gâter un peu un soir que le jeune Krenn était resté chez ma patronne plus longtemps qu'à l'ordinaire. Comme il s'apprêtait à la quitter pour rentrer chez lui, il négligea les précautions élémentaires qu'exige la discrétion en pareil cas : peut-être aussi n'était-il pas fâché que tout le monde vît son bonheur. Lorsqu'il sortit, à ce moment passait dans le couloir de l'hôtel, précédée de plusieurs domestiques, Madame de Bethmann Hollweg, femme de l'ancien chancelier allemand, qui était précisément en villégiature à l'hôtel Baur-au-Lac, et qui put jouir du spectacle de la maîtresse de psychanalyse, en costume plus que sommaire, faisant ses adieux à son joli élève. Le lendemain, l'hôtel entier avait un joli sujet de conversation.

Il y eut également un accrochage sérieux

lors du dernier séjour à Zurich du maëstro Campanini. Madame Rockefeller, qui l'aimait par-dessus tout, pria son petit ami de bien vouloir interrompre ses leçons durant la présence du maëstro. La secrétaire dut monter la garde à la porte jour et nuit et elle eut fort à faire ! Un soir, pendant qu'elle surveillait les démarches intempestives toujours possibles du jeune Krenn, voilà Monsieur qui se présente et qui entre en coup de vent dans la chambre de sa femme que la secrétaire n'a pas le temps d'avertir.

Ma patronne se fâcha tout rouge et cria :

— Harold ! je ne... veux pas que vous entriez dans ma chambre sans avertir Emma !

Fort heureusement, il y avait des tentures devant le lit : comme dans un bon vaudeville. Elles sauvèrent les apparences. A chaque instant, de jour et de nuit, délaissé, le jeune Krenn, contrairement aux ordres de la patronne, venait rôder autour de ses appartements. Il avait toujours comme prétexte une commission à faire à la secrétaire. Emma finit par lui déclarer que, s'il venait encore, Madame se fâcherait avec lui, mais il ne l'entendait pas ainsi : il se fâcha, et menaça de faire du scandale. Ma patronne, qui avait horreur de cela, fut avertie et vint consoler le délaissé, qui repartit quelques instants après, plus calme et plus paisible.

Car le jeune Krenn, quoique la psychanalyse n'admette pas la jalousie, se montrait très jaloux, en quoi il faisait preuve d'un sens psychologique très averti.

Aussitôt que le maëstro Campanini fut parti, le petit Krenn redoubla de sollicitude pour ma patronne ; il ne la lâcha plus d'une semelle.

Au début de sa liaison, le jeune Krenn habitait avec sa mère, dans le quartier des étudiants. La brave femme s'aperçut bientôt d'un changement dans les habitudes de son fils. Elle surveilla son rejeton.

Quelque temps après, il avait un compte ouvert à la Banque fédérale de Zurich par les soins de Madame Rockefeller.

Quelques mois après, il loua une chambre luxueuse à l'Eden-au-Lac.

Pendant tout ce temps, ma patronne devenait de plus en plus excentrique, et tout allait de mal en pis à la maison. Elle me faisait attendre avec l'auto des quatre et cinq heures dans le froid et la neige. Il fallait rester avec la voiture des journées entières dans la cour de l'hôtel sans sortir. Si elle sortait en ville à pied, je devais la suivre avec l'automobile au pas : parfois pour aller à la banque. Il y avait bien trente mètres à faire. Ou bien elle allait dans des magasins où les vendeurs l'ignoraient. Elle entrait et montrait des articles du doigt, en disant : « Je veux... ça.... et puis... ça... encore ça... » Puis elle s'en allait désinvolte.

Les vendeurs, un peu affolés, la suivaient pour lui demander son nom, mais elle partait sans répondre. C'est moi qui les tranquillisait.

L'installation du petit Krenn sous le toit familial créa une atmosphère de dévergondage qui se propagea avec un aimable laisser-aller dans toute la maison, du salon à l'office.

J'avais les épaules voûtées, et j'avais tendance à marcher les genoux pliés ; bref, ma démarche était celle d'un homme fatigué. Un jour, ma patronne me prit à part et me dit, en mettant sa main sur mes épaules :

— Ammann, vous êtes encore jeune et je ne... veux pas... que... vous marchiez si courbé.

Elle appuya sur ma « bosse » pour me faire redresser, et depuis ce jour-là, j'ai toujours marché, et marche encore très droit.

Miracle ! Cette maison en regorgeait.

Le patron, dégoûté de la maison, allait s'amuser dehors, avec son ancien professeur de psychanalyse, car il y avait longtemps qu'on ne se donnait plus la peine de parler de science : le voile du temple était déchiré. Avec cette femme, avec d'autres, tant et si bien que, « sur les genoux », il s'est fait opérer par le. docteur Voronoff. On m'a dit, en Amérique, qu'on l'avait blâmé assez longtemps parce qu'il n'avait donné que deux cents dollars à son « rajeunisseur », alors qu'il en avait donné vingt mille au praticien qui l'avait opéré. Lorsqu'il a épousé la célèbre artiste Ganna Walska, tous ceux qui l'ont vu alors ont déclaré qu'il avait rajeuni de trente ans.

Les filles des époux Rockefeller furent entraînées dans le même sabbat. La plus jeune, qui avait quatorze ans, était du matin au soir chez son professeur d'équitation, Monsieur Oser. Elle quittait l'hôtel à neuf heures du matin pour rentrer à midi ; après déjeuner, vers deux heures, elle retournait prendre ses leçons et rentrait à sept heures du soir, très fatiguée.

Plusieurs fois, je fus obligé d'aller la chercher en automobile à quarante kilomètres de Zurich, cette jeune enfant qui faisait toujours de l'équitation avec son professeur. Elle a, depuis, épousé son professeur d'équitation, et son mariage a fait du bruit. En Amérique surtout, le scandale fut grand lorsqu'on apprit que ce mariage avait eu lieu à la suite d'un enlèvement. On perpétra la cérémonie en secret, en Angleterre, chez quelque forgeron de Gretna Green.

La mère était au courant de toutes ces

choses, cela lui était parfaitement indifférent.

Un jour elle me dit textuelle :

— Ammann, si vous aimez plusieurs femmes et que votre « subconscient » vous engage à en aimer encore d'autres, vous n'avez aucun remords à avoir. Naturellement, il y a la loi qu'il faut respecter, en attendant qu'elle change, car la psychanalyse s'implantera bientôt partout, et les lois humaines se transformeront petit à petit.

Je l'avoue avec honte, moi qui étais marié et père de trois enfants. J'aimais pourtant ma famille, mais la dépravation ambiante prenait le dessus. La dernière année de mon service chez Madame Rockefeller, je me rendais plus que rarement à la maison. Nous menions, la secrétaire et moi, une vie désordonnée. Ce n'étaient que des soirées et des nuits d'orgie. Nous étions souvent avec quatre ou cinq femmes dans notre salon de l'hôtel, enivrés par des flots de champagne, échauffés par des menus composés et offerts par la patronne. Au cours de la nuit, de temps à autre, nous entendions frapper à la porte : c'était elle, non pas pour nous faire des reproches, mais pour nous glisser quelques billets de banque, afin que nous puissions « continuer ».

Ainsi Madame Rockefeller profitait et faisait profiter d'un freudisme indélicat et sensuel.

Je me décidai à couper court à tout cela. Ma femme était au courant de tout ce qui se passait ; elle me fit comprendre que je ne remplissais plus mes devoirs de père de famille et me supplia de revenir à une vie honnête et régulière. Je saisis heureusement l'occasion qu'elle m'offrait, par sa bonté et sa fermeté, et dès le moment même, j'allai trouver ma patronne. Elle me reçut dans le grand salon où je l'avais vue pour la première fois.

— Madame, lui dis-je, je veux quitter absolument Zurich.

Elle me regarda longtemps dans les yeux.

Enfin, elle me dit lentement :

— Ammann... je vous aime trop ! Vous êtes analytique, alors... faites comme votre « subconscient » vous le dicte.

Je saluai et me retirai.

Le lendemain, je faisais mes malles.

Huit jours après je passais en vue de Port-Saïd.

Après trente-cinq jours de voyage, je débarquai à l'île Maurice, au delà de Madagascar, en plein Océan Indien.

QUATRIÈME PARTIE

I

Débarqué à Tamatave pour visiter Madagascar et voir ce qu'il y avait à faire, j'avais trois jours à y passer avant le départ du train pour Tananarive, où je me rendais. J'avais fait la traversée depuis Marseille avec des fonctionnaires qui rentraient après avoir passé leurs vacances en France. Ils avaient séjourné déjà de longues années dans l'île. Aussi, grâce à eux, arrivais-je bien prévenu des différents « coups de fusil » qui attendent le nouveau débarqué.

Et d'abord, celui de l'hôtel. Que vous débarquiez à Diego-Suarez, à Tamatave, que vous arriviez pour la première fois à Tananarive ou en tout autre lieu, vous pouvez être assuré de ne pas trouver où vous loger. Comme par miracle, tous les hôtels sont complets à chaque arrivée de bateau ou de chemin de fer. Ce n'est pas qu'il y ait du monde dans toutes les chambres, mais ils sont complets tout de même, aux dires des hôteliers ; c'est une tradition.

Le nouvel arrivant est fort embarrassé. Il insiste et, après de longs palabres, l'hôtelier trouve une combinaison et vous installe dans un corridor ou sur un billard et votre nuit est chèrement payée malgré son inconfortable. Si vous avez l'allure du client sérieux, on s'aperçoit que « le Monsieur qui avait retenu le 18 » n'est pas venu et que vous pouvez disposer de sa chambre — en payant ce qu'on vous demande, bien entendu, et sans discuter, re-bien entendu.

Ceux qui sont « à la coule », disaient mes compagnons de bord, trouvent rapidement, et sans peine, de quoi se loger, pourvu qu'ils soient du sexe fort ; les dames, c'est une autre affaire. Les « ramatou » (femmes malgaches), en effet, se font un devoir d'offrir l'hospitalité au Wasa (homme blanc). J'ai essayé moi-même ce filon qui m'avait été indiqué pour éviter le coup de fusil de l'hôtel et je m'en suis fort bien trouvé ; j'ai pu ainsi me procurer à Tamatave un lit avec des draps bien blancs et de la plus grande propreté. Il faut noter, par exemple, que l'hospitalité est complète : c'est à prendre ou à laisser. J'y restai trois jours, attendant le départ du train pour Tananarive. Quelques heures avant de me rendre à la gare, je demandai à ma ramatou ce que je lui devais pour m'avoir hébergé et nourri. Elle me répondit, avec son accent amusant :

— Ah ! ça, mon cer, jamais ! Honneur pour Ramatou coucher avec Wasa, et j'espère avoir de toi un enfant blanc ! Mais, si tu veux faire petit cadeau, bien.

Je lui donnai mon flacon de lotion pour les cheveux dont elle s'ondoya la poitrine, et ma poudre à barbe qu'elle mit aussitôt sur ses joues noires en poussant des cris de joie ! j'y ajoutai la somme de trente francs. J'aurais certainement dépensé le double ou le triple à l'hôtel, car la brave Ramatou m'avait nourri royalement ; elle m'avait régalé d'une excellente cuisine, et je me rappelle encore certain poulet rôti digne des meilleures tables. J'avais mangé des croissants exquis pour le petit déjeuner, accompagnés de bananes, d'oranges, d'ananas, de letchi, etc., etc... Elle accepta mes trente francs après avoir marqué, je dois le dire, une certaine hésitation.

— Toi, trop bon, dit-elle. Les autres Wasas y a pas payer autant.

Et elle m'accompagna à la gare, en faisant transporter mes bagages par des petits nègres.

C'était un samedi matin, le voyage par le chemin de fer à voie étroite dure douze heures jusqu'à Tananarive, et je passe sous silence les beautés extraordinaires du trajet, que je me sens incapable de décrire. Ce qui attira le plus mon attention, ce fut la végétation luxuriante, les immenses forêts où l'on voit jouer des compagnies de singes, les nombreux cours d'eau aux rives couvertes de caïmans endormis au soleil, et surtout les travaux d'art de la voie ferrée, dont une partie ressemble à la célèbre ligne du Saint-Gothard.

Ayant visité Tananarive, je décidai de m'y établir et me mis à la recherche d'un emploi : ce fut assez difficile, car, en dehors de la plantation et de la prospection de l'or et des pierres précieuses, il n'y a guère à faire là-bas. La compagnie du chemin de fer où j'avais demandé de l'embauche, soit comme mécanicien ajusteur à l'atelier, soit pour le service automobile, me fit des conditions tellement dérisoires que je ne pus les accepter : le salaire était de quinze francs par jour. Comme une pension ordinaire avec chambre coûtait, à Tananarive, douze à quatorze francs par jour, il ne serait rien resté pour les miens. Quelques amis m'avaient suggéré de me mettre en popotte avec une Ramatou, ce qui était plus économique : avec deux ou trois francs par jour, tous les frais étaient couverts, mais cela m'était impossible, on le comprendra.

Restait la prospection : je résolus d'en tâter. Pourquoi, moi aussi, ne tomberais-je pas sur un filon ? Je me renseignai de mon mieux avant de m'embarquer dans une aventure qui pouvait m'être désagréable et bien m'en prit. Les indications que j'avais puisées à la bonne source m'apprirent, en effet, pas mal de choses curieuses, qui changèrent heureusement mes projets.

Beaucoup de colons, qu'on me désigna, avaient perdu là tout leur temps et tout leur argent ; les régions aurifères sont entre les mains de puissantes sociétés qui exploitent mécaniquement leurs terrains, de sorte que toute chance de réussite devient bien aléatoire pour le prospecteur privé. Pourtant ce ne sont pas les concessions qui sont difficiles à obtenir; mais elles ont toutes été visitées déjà, et sans succès. Et c'est à ce moment-là que l'on m'indiqua un autre « coup de fusil » en usage dans le pays, et bien plus dangereux encore que celui des hôteliers pour le nouveau débarqué : c'est le coup de fusil du prospecteur. Voici comment on le tire.

Il arrive assez souvent que des Européens viennent à Madagascar pour faire la prospection de l'or. Ces braves gens sont signalés dès leur débarquement et soigneusement pistés par des individus qui, ayant acheté des concessions et n'y ayant rien trouvé, ou presque, cherchent à revendre leurs terrains.

Les relations sont vite établies. On boit, on cause, on parle de l'or. Les vendeurs ont du terrain plus qu'ils n'en peuvent exploiter, mais il y en a encore, ils en connaissent, ils indiqueront même des concessions que l'on peut acheter et où réellement il y a de l'or. D'ailleurs, cela ne coûte rien d'aller voir ; et l'on fixe un jour pour la visite du « placer ».

La veille, le pisteur s'en va tout seul sur le terrain ; il est armé d'un fusil, c'est toujours plus prudent ; arrivé au point déterminé avec le compère, il charge son arme avec des pépites véritables, et, d'une certaine distance, tire sur le sol, puis disparaît modestement et va à la prochaine auberge attendre le retour de la poire, qu'on peut espérer mûre.

Au jour dit, le lendemain, le vendeur de la concession et le candidat acheteur se rendent sur le terrain et font un essai de prospection qui dure plusieurs heures, ou plusieurs jours, suivant le degré de maturité de la poire. Au bout de ce temps, bien entendu par hasard, ils tombent sur l'endroit qui a été « salé » par le pisteur. Voilà l'or. Il n'y a pas à dire, c'en est, c'est de l'or « natif ». L'acheteur en reste baba. Comment, ce n'est pas plus malin que cela ? Y en a-t-il beaucoup, c'est la fortune. Mais il en parle en pessimiste, de peur que l'autre élève ses prétentions ; en tout cas, il y en a : il l'a vu. Même s'il y en a peu, voilà toujours de quoi payer la concession et le déplacement. En calculant cela, le fruit juteux redescend à Tananarive avec le propriétaire et l'on se met séance tenante à rédiger le contrat. La poire signe au plus vite, de crainte qu'on ne lui enlève sa fortune. Il paye quinze, vingt, cinquante mille francs le droit d'entrer en possession. Il part sur ses terrains. Quelques mois après, on voit rentrer à Tananarive une loque humaine, qui a perdu son argent, sa santé et même le courage de recommencer autre chose : il y en a pas mal de ces malheureux à Madagascar.

J'ai rencontré plusieurs fois de ces pisteurs, et un jour même j'ai trouvé des pépites dans des cailloux, mais j'ai évité le coup de fusil. C'est le même jour que, tout heureux et tout fier de moi, j'ai failli périr d'un coup de corne. Je rencontrai devant moi, dans la brousse, un bœuf à grosse bosse. Il avait l'air complètement inoffensif et me regardait gentiment, la tête légèrement inclinée ; il avait une superbe paire de cornes, très hautes et surtout très pointues et je les admirais à quelques mètres lorsque soudain il bondit sur moi, et si vite que je n'eus pas le temps d'esquiver. Instinctivement, me rappelant l'Eden-Mondain, je me pliai en arrière : ce fut mon salut, mais je n'échappai que de justesse, car une corne de la bête était entrée par le bas de mon gilet, qui fut traversé, et sortie près de la cravate, en effleurant ma poitrine. Je me raccrochai de toutes mes forces aux deux cornes en criant au secours. Heureusement, un Malgache se trouvait non loin : il accourut, maîtrisa la bête et me dégagea. Ce gilet transpercé est le seul souvenir que j'aie emporté de Madagascar que je décidai de quitter le lendemain, trop heureux d'avoir échappé miraculeusement à un coup de corne et à deux « coups de fusil ».

Huit jours après, je débarquais à Port-Louis, dans l'île Maurice, où je trouvais de suite une bonne place bien rétribuée. J'étais enchanté, et me mis à travailler avec acharnement.

Quel pays merveilleux que cette île Maurice ! Etait-elle plus fréquentée du temps où elle était française ? Je l'ignore, mais il est certain qu'aujourd'hui très peu d'Européens visitent ce charmant pays et c'est dommage.

Bien que l'île Maurice soit maintenant anglaise, très peu d'Anglais y résident à ma connaissance. Il y avait le Gouverneur, son secrétaire, trois ou quatre directeurs de grosses entreprises industrielles, et peut-être trois cents hommes de troupe. Comme étrangers à l'île, on compte une dizaine de Français, dont cinq étaient venus ensemble et à la même époque que moi. Je n'ai connu aucun Italien, aucun Belge, aucun Allemand, aucun Juif, chose extraordinaire, car on rencontre partout des Allemands et des Juifs, sous toutes les latitudes.

Tout le monde, à Maurice, parle le français, et il n'y a que quelques années que la langue anglaise a été rendue obligatoire dans les écoles. Les Hindous et les Chinois eux-mêmes, très nombreux, qui tiennent en mains la plus grande partie du commerce, parlent tous le français, ou du moins le patois créole en usage dans le peuple. Quant aux Mauriciens mêmes, ils sont de deux espèces: le Mauricien blanc et le Mauricien bronzé. Le Mauricien bronzé est respecté, mais il n'est pas admis dans la société.

Le Mauricien blanc est d'une culture et d'une éducation raffinées, qui font souvenir des manières polies de la vieille aristocratie. Les Mauriciens blancs se tiennent au courant du mouvement des lettres, des sciences et des arts, et sont particulièrement doués pour la musique qu'ils adorent ; chaque famille possède un piano et je ne crois pas qu'il y ait un seul Mauricien qui n'en joue ou ne fasse de la musique de quelque autre façon.

On compte à l'île Maurice environ cinq mille Mauriciens blancs divisés en une trentaine de familles : ils sont donc presque tous parents. Les Mauriciens sont très riches, un grand nombre d'entre eux sont millionnaires (en millions de roupies), et ils possèdent tous leur automobile.

Ce qui frappe d'abord dans leur caractère, c'est leur extrême réserve, et leur rigueur à observer les règles de la bienséance et de la pudeur : on peut dire qu'ils sont à cheval sur les convenances. (Cela me changea de Madame Rockefeller.) Ils sont aussi particulièrement hospitaliers, et chaque maison est ouverte au voyageur. Si un étranger sans ressources vient dans l'île, il est reçu et aidé, car c'est une règle chez eux que le toit et la nourriture soient à la disposition de tous. Aussi n'y a-t-il pas chez eux de miséreux. J'ai connu là-bas deux hommes qui étaient depuis plus de quinze ans dans l'île.

Ils étaient logés, nourris, entretenus, en un mot ils avaient la même vie que les membres de leur famille protectrice ; situation confortable si l'on songe que le péché mignon de tout Mauricien est la gourmandise, et que, dans cette île bénie des Dieux, on fait partout grande et bonne chère.

Les Mauriciens sont la plupart du temps planteurs de canne à sucre, quelques-uns sont commissionnaires en gros, ils s'occupent bien de leurs affaires, et présentent un curieux mélange d'activité et de paresse. A leur bureau, ils travaillent vite, donnent leurs ordres clairement et énergiquement ; passé l'heure des affaires, ils tombent dans l'oisiveté la plus complète. Sous aucun prétexte un Mauricien ne ferait quelque chose lui-même chez lui : il lui faut un boy, deux boys, une armée de boys, et j'ai même connu des Mauriciens qui se faisaient accompagner au petit endroit. Est-ce le comble de la civilisation ?

A la maison, la femme ne travaille pas : on appelle le boy ou la nénène (femme de chambre) pour ramasser un menu objet tombé, pour donner le journal, pour allumer la cigarette, etc.

On aime beaucoup la toilette. Il va sans dire que le smoking est de rigueur à l'heure du dîner. Ici apparaît l'influence anglaise.

Les Mauriciens bronzés ont les mêmes habitudes, mais peut-être un peu moins marquées ; ils sont généralement moins riches, quoiqu'on en trouve qui possèdent d'immenses fortunes. Il en est de même dans le clan hindou et chinois, où l'on reste fortement attaché aux tra-

ditions et aux coutumes, et j'ai connu plusieurs Hindous ayant des millions, possédant
autos et chauffeurs, continuer de marcher à
pied, et les pieds nus, suivant leurs usages de
race.

L'île elle-même est un vrai paradis ter-
restre. Les immenses plaines de cannes à sucre
semblent de vastes tapis de verdure. De loin
en loin, on découvre de jolies petites forêts
dont la terre rouge est unie, nette et douce
comme un parquet. On y rencontre de pitto-
resques villages hindous, dont les maisons
rouges sont de terre battue ; quelquefois, au
milieu du village, un grand bassin qui sert de
bain public à tous. Dans les grandes forêts, le
gibier abonde, et où il n'est pas rare de rencontrer des troupeaux formidables de chevreuils et de cerfs. Une nuit que je traversais
une forêt en automobile, je rencontrai, au
milieu d'une grande éclaircie, un troupeau de
chevreuils, au moins cent cinquante têtes. Les
bêtes ne bougeaient pas, fascinées par la
lumière des phares, et leurs yeux, dans
l'obscurité, renvoyaient des reflets multico-
lores. Trois grands cerfs, à quelques mètres
à peine devant l'automobile, nous barraient
la route...

Les singes, innombrables, pullulent dans
toute l'île ; ils sont à moitié apprivoisés, et ne
se dérangent même pas lorsqu'on se trouve

près d'eux ; beaucoup s'approchent, et viennent aborder le passant pour jouer.

En parcourant l'île en tous sens, comme je l'ai fait, quatre endroits m'ont particulièrement frappé, et valent d'être cités : le jardin Pamplemousse, la montagne Bitterboot, la montagne Chamarel, et les campements au bord de la mer.

Le jardin Pamplemousse est un des plus grands et plus beaux parcs existant au monde, malheureusement le gouvernement de l'île ne le fait pas entretenir, et la brousse commence à l'envahir; ce jardin est étonnant par sa flore éclatante et rare, et par ses arbres gigantesques dont il est impossible d'évaluer l'âge. On m'a dit que toutes les essences des Indes y étaient représentées.

La montagne Bitterboot est tout à fait amusante de forme. C'est la plus haute montagne de l'île, et ses pentes sont très abruptes : elle ressemble à une poire dont la queue serait vers le ciel, et ferait le sommet de la montagne. Mais à ce sommet, qui, à vue d'œil, n'est pas plus large qu'un tuyau de poêle, mais assez long, se trouve placé, comme en équilibre, un énorme bloc en forme de toupie. Cette « toupie » paraît tenir en équilibre miraculeusement. Je ne saurais mieux comparer cette chose bizarre qu'à une maison posée sur la colonne Vendôme.

La montagne Chamarel est d'un autre genre. A son sommet, se trouve un grand plateau où aucune plante ni aucune herbe ne peuvent pousser. Sur ce plateau, il y a de larges et hauts sillons, tous réguliers et allant dans le même sens ; ces sillons de terre ont trente-deux couleurs différentes. Chaque longue bande possède sa couleur propre, les bandes sont à côté les unes des autres et ne se mélangent jamais : il y a des bandes rouge vif, violet, blanc de neige, noir, beige, jaune, gris clair, bleu azur et d'autres de couleurs composées. Ce phénomène est déjà fort curieux.

J'ai mélangé par endroits toutes ces terres colorées. Au bout d'un certain temps elles reprennent, d'elles-mêmes, leurs places respectives, les sillons se reforment, et les bandes colorées sont à nouveau placées comme auparavant ! Je ne me suis jamais expliqué ce phénomène.

Tout le monde, à Maurice, connaît ce phénomène ; cependant, fort peu de Mauriciens ont fait l'ascension du Chamarel, et c'est compréhensible : on ne peut arriver jusqu'au plateau en automobile, alors c'est trop fatigant pour un Mauricien.

J'ai fait l'ascension plusieurs fois tant je trouvais toujours amusant le mélange des terres et leurs couleurs ; au lever et au coucher du soleil surtout, le spectacle devient grandiose : les trente-deux couleurs semblent s'élever jusqu'au ciel, et il est impossible de fixer longtemps ces terres étranges qui vous donnent une impression curieuse. On n'en peut longtemps soutenir l'éclat radieux.

C'est là, certainement, de tout ce que j'ai vu, le plus intéressant spectacle que j'aie trouvé à Maurice.

Les campements des Mauriciens blancs sont bien la chose la plus amusante du monde. Ils se trouvent au bord de la mer et entourent l'île. Les Mauriciens les habitent deux ou trois mois par an, vers juin, juillet et août. Ces habitations sont enfoncées dans les forêts d'eucalyptus et de filaos qui bordent les rivages de l'Océan. Ces villas, car ces campements sont des villas, sont très confortables et richement meublées.

Les Mauriciens, pendant leurs séjours à la mer, vivent le « farniente ». Ils se lèvent pour prendre leur bain, puis ils font la sieste. Ils se réveillent pour déjeuner et reprendre la sieste, puis un autre bain. Le soir on reçoit, on fait de la musique, et, à nouveau, on retourne au lit. Il faut bien profiter de la fraîcheur nocturne pour jouir d'un sommeil réparateur, permettant d'affronter les fatigues du lendemain, semblables à celles de la veille !

Lorsque la saison des campements est terminée, les Mauriciens retournent à leurs villas de l'intérieur, plus gras et plus nonchalants qu'auparavant.

Il est certain que le manque total d'exercice, joint à la facilité de la vie, les rend lymphatiques ; et dans leurs somptueuses villas, toutes entourées de grands jardins d'agrément et d'immenses pelouses ombragées d'arbres superbes, les courts de tennis ne sont là que pour le décor. Mademoiselle Lenglen, malgré son talent, ne ferait pas recette à Maurice.

Les Mauriciens s'entendent fort bien.

La jalousie est un sentiment inconnu et la plus grande confiance règne partout. Les Mauriciens ont une confiance illimitée entre eux. J'ai connu des personnes qui devaient des milliers de roupies depuis des années, sans que leurs créanciers aient réclamé. Maurice ignore huissiers et sollicitors. A Maurice, tout s'arrange avec le temps, ou, à défaut, avec les héritiers du débiteur. C'est un paradis, vous dis-je.

J'ai dit qu'en débarquant à Port-Louis, j'avais trouvé aussitôt une place intéressante : c'était dans la plus puissante maison d'automobiles de l'île : j'y étais employé en qualité de chef d'atelier. Naturellement, comme je travaillais à mon habitude, chose encore jamais vue à Maurice, les affaires quadruplèrent en peu de semaines et ma situation s'améliora rapidement. Je tenais la comptabilité des réparations effectuées et je m'aperçus que beaucoup de clients avaient des arriérés de trois et quatre années : j'allai en parler au directeur. Il me répondit que je ne devais pas m'en étonner, que les clients, à Maurice, payaient quand ils voulaient et que, d'ailleurs, tous les Mauriciens étaient en compte.

Doux pays !

Au bout de quatre mois, je m'étais déjà créé un intérieur joli et confortable et j'avais pu envoyer à ma famille l'argent nécessaire pour venir me rejoindre. Elle ne tarda pas à le faire. Nous étions bien installés et tout marchait à souhait quand, trois semaines après l'arrivée des miens, je décidai brusquement d'aller aux Etats-Unis. J'ai la bougeotte dans le sang ! Quelle fut la raison exacte de ce départ soudain, je n'en sais rien encore. Il fallait que j'aille à Chicago, voilà tout ce que je puis dire. Etait-ce le souvenir d'Emma ? Il le fallait, c'était une force irrésistible qui me poussait. Je me suis embarqué et j'y suis arrivé, mais pour tomber dans quelles aventures !

II

Madame Rockefeller, qui était, on l'a vu, une femme parfaitement déséquilibrée, de mœurs effroyables, volée par ceux qui surent en profiter, entretenant, comme une fille de la Villette ou de la Chapelle, de petits jeunes gens trop beaux ou quelque Italien bellâtre, me paraissait être du moins une patronne profitable.

Il n'en était rien. Arrivé à Chicago, j'ai connu la puissance de « ceux de la Cinquième Avenue », de ceux de l'Aristocratie de l'argent, qui ont à leur disposition police, juges, hommes d'Etat, asiles de fous, prisons.

La grande démocratie américaine est, en vérité, le peuple le plus féroce et le moins démocratique qui soit au monde. La vie d'un homme ne compte pas s'il ne pèse point son poids de dollars. J'en fis la terrible expérience. Ayant demandé à Madame Rockefeller, mon ancienne patronne, de bien vouloir me reprendre à son service, je fus, sur son ordre, sans jugement, sans examen, enlevé en automobile et mis dans un asile d'aliénés, dans le quartier des fous furieux. J'y suis demeuré de longs mois et ne pus en sortir que grâce à l'énergie d'un membre du corps diplomatique européen, qui menaça le gouvernement de Washington d'une intervention de son pays, que je pus sortir (avec quel mal) de chez « les fous furieux », où la fantaisie de Madame Rockfeller me maintenait, en dépit de toutes les lois, par la force de ses milliards.

* * *

Je ne raconterai pas, une fois de plus, ma longue traversée, tantôt comme mécanicien, tantôt comme garçon de salle, ni les itinéraires et les escales de mon long voyage entre Maurice et New-York, les lecteurs ont déjà tant voyagé avec moi, dans les soutes, dans les machines, dans l'entrepont et dans les coursives que ce serait les fatiguer que de leur imposer un récit de voyage de plus. Qu'ils sachent simplement que je finis par débarquer à New-York.

Dès ma descente de la coupée, dès que j'eus mis pied à terre, un agent de la prohibition se mit à me faire les poches afin de s'assurer que je ne portais pas sur moi quelques-unes de ces bouteilles plates en usage dans le pays sec pour dissimuler le précieux whisky, ou son remplaçant, depuis la loi « Pussy Foot », l'ignoble « moonshine ». Le « moonshine », ou « clair de lune », est un poison violent, alcool de bois teinté et parfumé chimiquement, qui donne à l'eau une couleur lunaire, dont l'argot américain a tiré son nom. Il fait les délices des Américains, qui se le procurent à prix d'or, risquant les peines les plus sévères. Le « moonshine » produit des accidents épouvantables. La folie et le *delirium tremens*, d'autres amabilités, gangrènent peu à peu le peuple « sec », le grand peuple américain. L'agent me fouillait donc sans aucune délicatesse ; c'était un gaillard mesurant près de deux mètres, aux épaules très larges, et pourvu de mains épaisses comme des battoirs, si larges et si épaisses qu'à un moment donné, en me fouillant, il me fit mal.

Je lui dis : « C'est stupide de me presser si fort ! »

Comprit-il ? Toujours est-il qu'il m'envoya, dans le côté droit, un formidable coup de poing qui me plia en deux. Quoique je sois d'un caractère doux et indulgent, la colère me prit et, à la vitesse de l'éclair, je lui détachai deux superbes crochets du gauche et du droit, l'un sur le nez, l'autre dans l'œil, car il avait un peu baissé et tourné la tête, ce qui me fit rater les coups au menton et à la mâchoire. Le nez saigna aussitôt et l'œil se ferma et se noircit, et moi, tout penaud, je regrettais mon geste, me demandant ce qui allait bien m'arriver. L'agent, quoique bien marqué, n'avait pas bronché sous le coup ; il s'essuya le nez et me dit avec un large sourire :

— Aôh ! vous bon boxeur !

Et il me tendit son large battoir de droite, que je serrai chaleureusement. Tout ce que j'ai vu par la suite aux Etats-Unis me confirme dans cette idée qu'il faudrait apprendre cette petite histoire à tous les étrangers qui se rendent pour la première fois dans ce pays, quelles que soient leurs affaires et leur condition sociale, afin qu'ils puissent en faire leur profit. Pour moi, sur le moment, j'en retins simplement que l'Américain est assez brute de nature, ce qui était évidemment un jugement sommaire, et je résolus de me méfier à l'avenir de tout et de tous.

Le soir même, je me promenais avec un

garçon de bord dans Broadway, lorsque nous vîmes, à un coin de rue, un policeman en discussion avec un chauffeur d'automobile. Après des explications qui nous parurent dépourvues d'amabilité, l'agent asséna au conducteur un magistral coup de bâton sur la tête : nul doute que si je l'avais reçu à sa place, je ne fusse resté évanoui. Le chauffeur ne broncha pas et s'en alla sans plus rien dire. « Doux pays ! », pensai-je.

Un peu plus tard, le copain regarda, avec une admiration manifeste, une dame ou demoiselle qui passait près de nous, et dit qu'elle lui semblait bien jolie. La dame s'arrêta et demanda à mon compagon si c'était à elle qu'il s'adressait. Comme il ne comprenait pas l'anglais, il prit cet air idiot qu'ont facilement les hommes en pareille circonstance, et sourit silencieusement. La dame fit vingt pas, rencontra un agent de police et lui dit quelques mots : celui-ci nous apostropha. J'expliquai au copain, qui ne comprenait encore rien à l'affaire, que l'agent disait : « Ici, il faut laisser les femmes en paix ! »

Telles furent mes premières rencontres avec la police américaine.

Je travaillai quelque temps à New-York pour me faire de l'argent, et arrivai à Chicago. Je cherchai aussitôt à me procurer du travail, mais ce n'était pas facile. J'étais arrivé pendant ce mois de juin 1922, où régnait une terrible vague de chaleur dont on n'a pas encore perdu le souvenir.

Le jour même de mon arrivée, vers midi, je passais à la « Dearborn », lorsqu'un jeune homme, frappé d'une insolation, s'abattit à côté de moi. Je m'empressai de le soigner et défis son col de chemise, attendant qu'un des nombreux passants vînt m'aider à le transporter. Plus de douze personnes passèrent en contournant le corps, certaines en le franchissant d'un grand pas, mais aucune ne s'arrêtait.

Enfin, un policeman, ayant aperçu la scène, s'en fut téléphoner à une ambulance ; celle-ci vint sur les lieux, ramassa le jeune homme qui était toujours étendu en plein soleil, et l'emmena à l'hôpital.

Tout cela est encore très américain. Un homme qui tombe ! Peu importe. On n'a pas le temps de s'arrêter pour si peu. Par contre, le service des ambulances fonctionne bien, il fait son affaire : chacun les siennes. All right!

Ayant appris que mon ancienne patronne, Madame Rockfeller, avait quitté Zurich peu de temps après que j'en étais parti moi-même, je m'enquis de son adresse et lui écrivit, certain que grâce à elle j'allais trouver aussitôt un emploi. Sa recommandation ne pouvait manquer de m'être très utile. Pendant huit jours je restai sans réponse : je résolus d'attendre encore une semaine avant de tenter d'autres démarches. C'est alors que, circulant de tous côtés dans Chicago, et y parlant avec de nombreux chauffeurs d'automobile, j'appris bien des détails curieux sur la vie américaine.

Je sus que la fameuse « prohibition » n'existait nulle part. A Chicago, on trouve du vin partout. Dans beaucoup de maisons, on fait son vin soi-même, avec du raisin que l'on fait venir de Californie, et il n'existe pour ainsi dire pas un seul hôtel qui ne possède son stock secret de vins et alcools. Dans la plupart des maisons bourgeoises, il y a du champagne authentique et des liqueurs, surtout du whisky. Il y a aussi beaucoup de « saloons » où l'on peut déguster des liqueurs, ou tout au moins du « Clair de Lune », ce poison.

Le plus étrange est que, devant ces « Saloons », il y a toujours un agent qui monte la garde. Il est sur le trottoir, examinant attentivement la chaussée et les maisons d'en face, et tient les mains croisées derrière le dos... grandes ouvertes.

Les habitués comprennent l'éloquence du geste ; cela veut dire : « Ici vous trouverez ce que vous voulez, entrez, mais n'oubliez pas de mettre le « tip » dans ma main ». Car en

Amérique, avec de l'argent, tout est permis. C'est une nation très civilisée.

Les maisons de rendez-vous sont formellement interdites, mais elles sont légion.

Chaque semaine, elles changent d'adresse. Les habitués sont au courant de ces déménagements. Pour les « occasionnels », l'agent spécial n'est-il pas à son poste, les mains derrière le dos, indiquant la nouvelle entrée à tous les clients qui savent se conduire « honnêtement » et largement avec lui ? Business, business.

Au cours de la semaine où j'attendais la réponse de Madame Rockefeller, je fis dans la rue une rencontre qui me causa un plaisir extrême : la secrétaire de mon ancienne patronne, ma bonne amie Mademoiselle Emma. Elle fut stupéfaite de me voir en Amérique et me regarda comme si je tombais des nues. Elle non plus n'était plus au service de Madame Rockefeller. Elle cherchait également une place. Elle me conseilla d'écrire à Monsieur Krenn, le petit ami de la patronne qu'elle avait ramené à Chicago, où il se trouvait avoir une très belle situation. « Lui, peut-être, me dit-elle, vous aidera. »

J'écrivis donc à Monsieur Krenn, espérant fermement qu'avec son aide je trouverais un travail intéressant.

Plusieurs jours se passèrent encore ainsi, durant lesquels je continuai à circuler et à regarder.

C'est au cours d'une de ces promenades que je vis ce qu'est capable de faire un reporter américain. C'était un photographe. J'étais entré, en passant, à la morgue du County Hospital, et lui venait photographier un cadavre, sans doute celui de la victime du dernier crime sensationnel. Notez que les cadavres, à la morgue de Chicago, sont toujours nombreux, et ne sont pas tous allongés sous verre comme dans les pays d'Europe. Ils traînent un peu partout dans les couloirs de cet établissement.

Le corps en question était allongé par terre et le photographe, pour opérer, voulait l'asseoir, mais le corps était raide. Le photographe, froidement, me demanda de l'aider. Je refusai, car cela me dégoûtait, d'autant plus que le cadavre était en état de putréfaction. Le photographe, fort en colère, le saisit par le cou et, avec ses pieds, appuya sur les cuisses, pour le plier en deux ; pendant cette manœuvre, le pus giclait sur ses mains ; il ne s'inquiéta pas pour si peu, s'essuya après la toile destinée à couvrir son appareil, et opéra tranquillement. Je remarquai même qu'il chassait les mouches qui venaient se poser sur sa figure avec ses mains salies. En voilà un, j'en suis sûr, qui est arrivé à une haute situation dans le reportage américain. Il était assez peu sensible pour cela.

Ce sont là de petites choses, des détails qui m'ont frappé, et que j'ai relatés à cause même de la différence essentielle qu'il y a entre les mœurs américaines et les nôtres ; mais on m'accuserait avec raison d'être volontairement injuste pour un grand pays ou de n'avoir pas su regarder si je ne disais pas aussi, en quelques mots, les grandes choses que j'ai vues et qui pourraient être prises pour modèles par les nations européennes.

Au point de vue administratif, ici, en France, chacun sait que lorsqu'il s'agit de faire une démarche quelconque, il faut perdre beaucoup de temps : plusieurs heures, une demi-journée, une journée entière, quelquefois plusieurs semaines. En Amérique, la perte de temps est inconnue ; jamais on ne court d'un guichet à l'autre, jamais on ne vous dit de repasser. Pour devenir citoyen des Etats-Unis, par exemple, il suffit de quelques minutes : vous allez à un guichet spécial avec deux parrains, vous donnez nom, adresse, âge, profession ; on vous fait lire et compter et vous partez avec vos premiers papiers. Pour les actes définitifs, plus aucune démarche à faire, au bout des cinq ans légaux, on vous les envoie chez vous. Que ce soit à la banque, à la poste, c'est la même chose : vous êtes instantanément et définitivement servi. A l'hôtel, au restaurant, jamais aucune attente : j'ai vu, dans les grands hôtels de New-York et de Chicago, qui ont des milliers de chambres, au Commodore, au Pennsylvania, au Drake, recevoir trois cents voyageurs à la fois et les satisfaire en une demi-heure. Pour tout ce qui concerne le temps gagné, l'Américain vient loin en tête des autres peuples. Il ne peut être concurrencé.

J'ai été frappé du gain de temps surtout dans les usines, où tout est « automatique ». J'ai vu la sortie d'établissements qui occupent 35.000 ouvriers : eh ! bien, dans l'espace de dix minutes, l'usine est vide — ou remplie — de son personnel ; cependant, plus de la moitié de ces ouvriers possèdent leur auto : il faut donc qu'ils les garent en rentrant et les mettent en marche en sortant. Cela se règle minutieusement. *Time is money.*

A midi, presque tous les ouvriers mangent à la cantine. Ils sont des milliers et des milliers. Tout se passe parfaitement. Dans tous les Etats-Unis : directeurs, ingénieurs, chefs de services, contremaîtres, employés déjeunent avec les ouvriers. On ne perd pas une seconde. Cela se voit aux mâchoires travaillant aux heures des repas.

Un ouvrier fait, chaque jour, le même travail. Il peut venir à son heure et partir de même, à condition que son boulot soit fait. En fait, ils commencent tous à la même heure pour ne pas provoquer de désordre.

On pense bien qu'avec cette organisation la vie est très « intense ». A Chicago, il y a des cinémas qui ouvrent leurs portes à six heures du matin, et ils font leurs affaires. S'ils ne vont pas au cinéma, les Américains vont faire du sport avant d'aller à leur travail, et l'on trouve, sur les grounds, les ouvriers, les grands directeurs d'usines ou de banques qui prennent leur exercice quotidien. Car il n'y a aucune différence entre l'ouvrier et le patron, ni entre le pauvre et le riche : les uns et les autres ont accès partout et sont traités avec la même considération. Il n'y a que le luxe qui différencie le millionnaire de l'ouvrier.

Les conditions de vie de l'ouvrier américain sont d'ailleurs supérieures à celles de l'ouvrier européen. Les salaires sont plus judicieusement calculés. Ils sont en rapport avec le prix de la vie. Un ouvrier yankee qui a besoin d'un complet gagne celui-ci en trois ou quatre jours, alors qu'il faut quinze jours à un ouvrier français. Une paire de chaussures est gagnée, en Amérique, en une demi-journée de travail ; en France, il faut au moins

trois jours de travail. On pourrait multiplier
ces exemples à l'infini.

Pendant que je faisais ces observations, ni
la réponse de Madame Rockefeller ni celle de
Monsieur Krenn n'arrivaient. Je commençais
à désespérer lorsque enfin je la reçus.

Ce n'était pas celle que j'attendais : elle se
présenta sous la forme de deux messieurs et
d'une belle voiture particulière. Ceux-là me
mirent dans celle-ci, et je débarquai, sans
autre formalité ni explication, au « Psychopathic Hospital » de Chicago.

J'étais interné comme fou furieux, comme
dément dangereux !

CINQUIÈME PARTIE

I

Je pense qu'un séjour forcé dans une maison de fous, en salle commune, au régime
commun, et sans qu'on sache rien du sort qui
vous attend, est une des plus cruelles
épreuves que puisse subir un homme sain
d'esprit. Le premier jour de mon internement, je me demandais si je pourrais vivre
longtemps ainsi. Je craignais fort sérieusement que mon moral ne faiblisse. Pour lutter
contre l'ambiance, je me mis à observer
autour de moi les choses et les gens, je m'aperçus qu'un vaste champ d'études allait être mon
« dérivatif » et que j'avais de l'occupation,
quelle que dût être la durée de mon séjour

dans cette charmante maison. Grâce à ce travail, je n'ai connu ni découragement, ni ennui véritable. Mon état physique resta également en bonne condition grâce à un bon ami, ainsi qu'à sa femme, qui venaient me voir tous les jours, en m'apportant de la nourriture et des fruits, supplément indispensable à un ordinaire insuffisant comme qualité et comme quantité.

Mes observations faites dans la salle où j'étais occupaient tout le temps dont je disposais. Il y avait chaque jour une dizaine de nouveaux arrivants. J'y ai vu passer toute la gamme de la folie, du furieux au gâteux, du syphilitique à l'alcoolique : le maniaque, le persécuté, l'épileptique, le morphinomane, l'érotique, le mystique, le mélancolique, le vicieux et l'enfantin ne manquèrent pas. Il y en avait qui pleuraient, qui riaient, qui chantaient ; d'autres restaient immobiles, d'autres encore s'amusaient comme de petits enfants. Certains fuyaient les hommes et se cachaient dans les endroits les plus retirés. J'ai vu à cet horrible hôpital des individus qui mangeaient leurs excréments.

Toutes les classes de la société étaient représentées à ce Psychopathic Hospital, qui est l'affreux vestibule des véritables et définitifs asiles. Pendant mon séjour, j'y rencontrai un avocat, un ingénieur, un médecin, un chimiste, un étudiant, un pharmacien, un ancien général, un typographe, un marin, un chanteur, un artiste danseur, un comptable, un pompier, des agriculteurs et une foule de gens de diverses professions manuelles.

On ne peut pas se faire une idée du spectacle à la fois tragique et désespérément comique que présente pour un homme normal un séjour dans un asile d'aliénés.

Ce qu'il y a de plus affreux, c'est qu'on y trouve assez fréquemment — je parle de cette sauvage institution qu'est le Psychopathic Hospital de Chicago, directeur Gerty — des gens internés sans raison valable et contrairement à toute loi. Rien que pendant mon séjour, j'ai vu quatre cas d'internement sans contrôle.

Un jeune Allemand de vingt-cinq ans, marié, fils d'un entrepreneur de travaux publics, fut interné par ordre de son père, parce qu'il ne voulait plus travailler pour lui. Ce jeune homme, que son père obligeait à travailler sur ses chantiers aux mêmes conditions qu'un ouvrier étranger, avait décidé de s'embaucher autre part ; ce fut, tout naturellement, dans une maison concurrente. Aussitôt, le père le fit interner.

C'est avec beaucoup de difficultés, et grâce aux démarches de sa mère et de sa jeune femme, qu'il finit par être libéré par la Cour du Psychopathic Hospital qui se réunit à certaines époques pour examiner les réclamations.

Un médecin, qui n'était pas plus fou que
ceux qui l'ont jugé, était devenu nerveux, par
suite de surmenage. Pour une raison inconnue, sa femme l'avait fait interner. Ce n'est
qu'au bout d'un certain temps que la Cour
du P. H. lui rendit la liberté, sans excuses,
sans indemnité, bien entendu.

Un avocat, qui, précisément, avait eu
l'occasion de plaider devant la Cour du P. H.,
fut interné sur l'ordre de sa femme. Pourquoi ? D'après les affirmations de la victime,
la femme, beaucoup plus jeune que lui, avait
une intrigue avec un garçon de son âge et,
pour avoir plus de liberté, elle fit tout simplement interner son mari.

Car, à Chicago, rien n'est plus facile aux
femmes que de faire interner leurs maris : il
leur suffit de téléphoner à la police. Le mari
est bouclé, et la pièce est jouée ; c'est monnaie courante, et presque une coutume. Charmant pays ! L'histoire suivante, dont je n'ai
pas été le témoin, m'a été contée par un
médecin devant d'autres personnes connues :
elle montre jusqu'où la liberté individuelle
est piétinée, à Chicago.

Un haut fonctionnaire d'une Compagnie
de chemins de fer avait un service assez irré-

gulier : il lui arrivait parfois de rester plusieurs jours sans rentrer chez lui. Contrairement à ses habitudes, il revint chez lui dans
la soirée même du jour de son départ... et ne
fut pas peu surpris (les maris sont toujours
étonnés de ces choses) de trouver sa femme
en galante compagnie. Le délit était flagrant.
L'employé de chemins de fer, qui était d'un
tempérament placide, se contenta de renvoyer
l'intrus et de faire la morale à sa femme.
Pauvre homme ! Celle-ci considéra cette atti-
tude comme la pire des injures et téléphona à
la police que son mari était devenu fou.
Quelques instants après, la voiture bleue
l'emportait au P. H.

L'employé raconta son histoire à la Cour
du P. H. et fut déclaré sain d'esprit. Mais, le
jeudi suivant, la Cour fit appeler la femme
pour étudier les faits. Celle-ci était défendue
par un avocat qui soutint que l'employé était
un danger pour la vie de sa cliente ! Le mari
ne put pas, évidemment, prouver l'adultère
de sa femme. La défense affirma qu'il avait
« des visions » et que sa femme ne l'avait
jamais trompé.

Le verdict fut défavorable pour le mari,
qui fut envoyé à Elgin (asile des incurables),
bien que sa fiche portât : « N'est pas fou. »

Il est certain que, dans les pays civilisés,
pareils scandales ne se passent pas ainsi. Il y

a au moins une ombre de justice. On verra qu'à Chicago, seul existe le régime de la brutale satisfaction des égoïsmes bien soutenus. Et pourtant, je ne sais pas de crime plus odieux que de faire passer pour fou un homme qui ne l'est pas. C'était là chose fréquente au Psychopathic Hospital ; car s'il est, comme on l'a vu, facile d'y entrer, il est excessivement difficile d'en sortir. C'est parfois impossible.

On pourrait croire qu'un établissement comme le P. H., qui est une sorte de polyclinique où l'on peut se faire examiner et traiter, est un établissement d'examen mental. Il n'en est rien : c'est une véritable prison, et celui qui s'y rend *de lui-même, pour se faire examiner*, ne peut plus en ressortir, les règlements sont formels, avant qu'un jury décide de la libération ou de l'internement illimité. La Cour spéciale se réunit tous les jeudis.

Certain jour, un commerçant israélite, Monsieur Levin, très honorablement connu, va consulter son médecin ; il se plaint de maux de tête et de fatigue générale, surmenage, besoin de repos. Le médecin lui conseille d'aller se faire examiner au Psychopathic Hospital. Le commerçant y fut sans méfiance et ne put pas en sortir. En vain protesta-t-il contre cette injustice et demanda-t-il qu'on lui rende la liberté. Le lendemain, il reçut la visite de sa femme, de sa mère et de plusieurs parents : tous étaient consternés de voir Monsieur Levin dans cette salle au milieu des fous. On alla trouver le directeur, docteur Gerty, pour le supplier de lui rendre la liberté ; ce fut en vain. Les parents allèrent alors devant la County Commissionner, le chef de district. Celui-ci leur donna un petit mot de recommandation pour le docteur Gerty qui devint alors souple comme un gant et remit en liberté le malheureux commerçant.

On voit qu'il se produit à ce P. H. non seulement des erreurs déjà épouvantables, mais des crimes d'internement sur dénonciations calomnieuses et sans preuves. A côté de ces cas qui révoltent la conscience, il y a toute la série des fous qui passe par le P. H. J'ai pu faire, comme un docteur, une série d'observations cliniques.

L'homme qui fait tous les jours 36 kilomètres à pied dans sa chambre.

Il est âgé d'environ vingt-huit ans. Il ne parle à personne, par contre il marche sans arrêter de sept heures du matin à onze heures (heure du déjeuner). Après le repas, il reprend sa marche jusqu'au dîner qui a lieu à six heures, et continue ensuite sa promenade jusqu'à l'heure du coucher. J'ai, par curiosité, mesuré la salle qu'il parcourait, toujours dans le même sens ; j'ai aussi chronométré sa vitesse moyenne : ce garçon faisait approximativement trente-six à trente-huit kilomètres par jour. Ce n'est pas mal, surtout dans une chambre. C'est un record d'Amérique. Il est vrai qu'il était excité et encouragé par les autres fous de la salle qui criaient ensemble : Une ! Deux ! Une ! Deux !...

Heureusement, son séjour parmi nous ne fut pas de longue durée et son remplaçant était paisible.

Un général américain.

B..., qui a soixante ans passés, est amené par la police au Psychopathic. Ses papiers apprennent que c'est un ancien général de l'armée des Etats-Unis.

Un jour, un officier vint le voir et lui remit, sur la table et devant tous les patients et les gardes, une somme de deux cents dollars en acompte sur une pension que lui faisait le gouvernement. J'ai appris quelques jours plus tard que sa pension était de douze mille dollars.

Il resta interné deux semaines, après quoi il fut envoyé dans un asile de vieillards. Pendant son séjour au P. H., le général ne parlait à personne et passait sa journée à faire des comptes. C'était un général calculateur : la pire espèce.

Un ténor merveilleux.

P. Bernstein est âgé de quarante ans. Il a subi une opération dangereuse à la tête. Son visage porte les stigmates d'un dérangement cérébral certain. Il rit et parle tout seul.

Un jour, Bernstein se mit au piano et chercha un ton avec le doigt. Je le regardais précisément, me demandant ce qu'il allait faire. Il se plaça à côté du piano, comme si son accompagnateur eût été là, et se mit à chanter d'une voix très puissante, d'une justesse et d'une pureté admirables. Tout le monde, dans notre salle, était resté stupéfait. Les plus fous mêmes levaient la tête, et le plus grand silence régnait dans cette curieuse assistance. Trois docteurs qui, à ce moment, se trouvaient dans la salle, n'étaient pas les moins charmés.

Bernstein avait chanté une romance russe qui me fut traduite par un étudiant de même nationalité de service dans notre salle et, lorsqu'on en comprenait les paroles, cela devenait terriblement poignant : c'était la plainte d'un jeune homme qui, pour une femme, a perdu la fortune, l'honneur, et enfin la raison ; il ne lui restait plus que son cœur, toujours brûlant d'amour. C'est d'ailleurs toujours ce qui reste aux amoureux. Cette romance était un peu sa propre histoire et c'était aussi la seule chose qu'il sût encore chanter.

L'étudiant russe, de ce jour, se mit à s'occuper particulièrement de Bernstein, et tâcha de le faire parler. C'est par lui que j'appris qu'il avait été premier prix du Conservatoire impérial de Pétersbourg. Il avait des crises d'épilepsie. On essaya de le guérir. On lui fit une opération à la tête, mais en vain. Il finit par perdre totalement la raison. Cela nous fut confirmé par son père, qui vint le voir le lendemain. Chose étrange, Bernstein, qui ne savait plus lire, lisait encore la musique, et il déchiffrait n'importe quelle partition à vue.

L'Homme-Balançoire.

C'est un homme d'une quarantaine d'années, et mélancolique au plus haut degré. Sitôt levé, il va dans la salle pour s'asseoir sur le fauteuil à bascule.

Il ne se lève que pour les repas et pour aller se coucher. Du matin jusqu'au soir, il fait balancer son fauteuil avec une régularité de pendule, très exactement trente-cinq mouvements par minute. Pendant les quatre jours qu'il passa dans notre salle, il en totalisa plus de cent mille. Il n'avait pas perdu son temps... ni le mien, fort heureusement pour moi.

Celui qui fait ses adieux.

A... est un jeune homme de vingt à vingt-quatre ans. Sa figure est intelligente, son regard normal, sa conversation assez ordonnée ; seulement, tous les matins, il va faire ses adieux à tout le monde, à chacun séparément. Cela lui prend un certain temps, car nous sommes toujours de quarante à cinquante dans la salle. '

A ceux qui lui demandent s'il est libre, et où il va, il répond d'un air heureux : « Je vais voir ma femme. » Sa figure est radieuse ; il va pour sortir, hélas ! la porte est fermée. Alors, il va trouver le garde pour lui demander la clef. Le garde lui répond : « Aujourd'hui, personne ne sort, mais demain vous sortirez. »

— Attendons demain ! dit-il avec un soupir. Et le lendemain, sa manie l'entraîne de nouveau.

Une semaine plus tard, le malheureux put sortir, mais ce n'était pas pour aller retrouver sa femme : il était dirigé sur l'asile Elgin (incurables).

L'homme radioscopique.

C'est un homme mystérieux, d'une quarantaine d'années. De temps en temps il devient méchant, surtout lorsqu'on le regarde. Si on le fixe dans les yeux, il proteste et dit qu'on veut l'hypnotiser afin de savoir ce qu'il pense. Alors il se met en colère et annonce qu'il voit de gros vers de terre et même des serpents dans le ventre de ceux qui le regardent.

Un jour, C... donna au garde un os provenant de son dîner en disant qu'il fallait le lui poser à la place de celui qui lui manquait à la jambe. La chair aurait repoussé très rapidement, assura-t-il avec un grand sérieux.

De temps à autre il avait très peur, car il voyait des esprits qui voulaient s'emparer de lui.

Au bout de dix jours il fut envoyé à Kantrage. Celui-là était un vrai de vrai.

Un étudiant millionnaire.

R... est étudiant à l'Université de Chicago ; il est âgé de vingt ans. Sa grosse fortune, qui n'existait que dans son imagination, lui a joué de vilains tours, et il fut amené au P. H. après s'être servi maintes fois de « ses » puissantes automobiles, au grand mécontentement des légitimes propriétaires à qui il les «empruntait», car l'automobile est son faible.

R..., qui est de descendance canadienne, parle très bien le français et m'avait pris comme confident. J'appris ainsi qu'il était propriétaire de plusieurs grosses et puissantes automobiles qu'il louait aux millionnaires :

— D'ici quelques mois, je serai en mesure de faire concurrence aux plus grandes compagnies de taxis de Chicago, et je dispose déjà, en banque, d'un crédit d'un million de dollars...

Inutile de dire que j'avais été nommé directeur de la compagnie nouvelle qu'il était en train de fonder. J'avais des appointements énormes, j'étais logé à l'hôtel Drake et j'avais à ma disposition tout un état-major de dactylographes et d'employés parlant le français et l'allemand.

Quant à sortir du P. H., ce n'était pas une affaire : il avait de puissantes amitiés, on avait averti les autorités de Washington, qui avaient envoyé des détectives pour ouvrir une enquête et faire le nécessaire : il sortirait sans doute dans le courant de la semaine et, bien entendu, me ferait rendre la liberté en même temps.

Pauvre garçon ! A-t-il retrouvé la santé ? Je le lui souhaite de tout cœur, car c'était un beau jeune homme sympathique, instruit et intelligent... comme un fou.

L'Homme-Eclair.

S... est un jeune homme d'environ vingt-deux ans. C'est un nerveux qui a un tic particulier : il met à chaque instant sa main à son front et dessine, devant sa figure, en descendant, le zig-zag d'un éclair, avec une rapidité foudroyante.

Comme il fume le cigare, il lui faut un temps très long avant d'arriver à les allumer ; il exécute son tic constamment, même avec le cigare allumé, et cela devient dangereux, car il le tient parfois à l'envers et se brûle cruellement. Aux repas, mêmes difficultés, pour la soupe surtout, car il exécute, entre chaque bouchée, de nombreux éclairs.

A part ce tic nerveux, il ne présente aucun trouble : sa conversation est ordonnée et intelligente.

Un bel appétit.

C'est un phénomène. Sitôt levé, il mange des provisions qu'il a mises de côté la veille. Au petit déjeuner, il prend environ six tasses de café, mange de nombreux morceaux de pain, plusieurs assiettées de bouillie d'avoine et des fruits. Ce « menu » repas ne le calme pas et il demande quand sonnera le déjeuner. Lorsque le repas est servi, on lui donne deux déjeuners, et il pleure pour en avoir un troisième.

Presque chaque jour, dans l'après-midi, il reçoit des amis qui lui apportent des provisions, du chocolat, des fruits. Il engloutit le tout en l'espace d'un moment. Le soir, c'est la même hécatombe d'aliments qui continue.

Un jour, il avait devant lui un pot de confitures d'une livre : il l'avala instantanément, après quoi, en quelques secondes, il dévora une boîte de bonbons.

C... a bon cœur : lorsqu'il lui reste quelque chose, il partage ; je l'ai même vu partager avant de se servir. Il se fait un plaisir de rendre service à ses compagnons : il habille et lave les impotents et leur lit des articles de journaux.

C'est un incurable atteint de boulimie. Ayant contracté la syphilis à son insu, il ne s'est jamais soigné. Il n'a pas, heureusement, conscience de son état et semble content.

Un fort dormeur.

K..., âgé d'environ vingt-cinq ans, passe tout son temps à dormir. Le matin, il est très difficile de le réveiller, il faut le secouer comme un prunier. Sitôt habillé, il va dans la salle s'installer sur un banc où il continue son somme. Il ne le quitte que pour les repas et pour retourner au lit le soir.

Quels rêves doit-il faire ? C'est une solution à bien des chagrins et des misères que de dormir toujours !

On se représentera, par ces notes brèves, ce que peut être la vie dans un pareil endroit et qu'il faut avoir l'âme chevillée au corps et la raison au cerveau pour y résister.

Mais les dégoûts physiques viennent encore, au P. H., s'ajouter aux souffrances morales. La nourriture laissait toujours à désirer comme qualité et comme quantité ; il est toutefois possible d'en recevoir du dehors.

Ce qui est pénible et insupportable, c'est le défaut total d'hygiène et de propreté.

Ainsi, le matin, il n'y a pas dans cet hôpital de serviettes pour s'essuyer. Un drap les remplace. Il sert pour les quarante à cinquante internés.

Il arrive constamment qu'un nouvel arrivant doit coucher dans un lit dont les draps n'ont pas été changés. Le cube d'air des salles est notoirement insuffisant.

Ni la propreté du corps, ni celle du linge ne sont surveillées, et les malades connaissent une promiscuité effroyable. Aussi cette vie commune développe une vermine qui dépasse en « qualité » et en quantité tout ce qu'on peut imaginer. Un séjour au Psychopathic Hospital n'est pas à l'honneur d'une ville comme Chicago ; c'est, à tous les points de vue, un supplice pour un homme normal.

II

J'ai dit qu'à la suite de ma lettre à Monsieur Krenn, lettre où je lui demandais du travail, on était venu me chercher en voiture, et l'on m'avait conduit au P. H. C'était la voiture particulière du directeur, le docteur Gerty. Je fus aussitôt conduit dans son cabinet, où il m'annonça gravement que j'allais être interné.

— Mais vous voyez bien, lui dis-je, que je ne suis ni un fou ni un nerveux ; ce n'est pas ma place ici ; docteur, on a fait manifestement une erreur, laissez-moi partir !

— Allons, fit-il, je vous conseille de rester

de bon gré à l'hôpital, sinon je vous y garderai de force.

C'est ce qui arriva. J'étais pris et bien pris, retiré de la circulation, destiné à quelque asile d'où je ne sortirais plus. Le coup avait été si bien fait qu'aucun de mes amis ne sut ce que j'étais devenu. Ils s'en inquiétèrent cependant et téléphonèrent à la police et aux hôpitaux pour savoir s'il m'était arrivé quelque chose : en vain ; l'un d'eux, même, eut l'idée de téléphoner à l'asile de fous où j'étais intermé, mais il lui fut répondu qu'il n'y avait au P. H. aucune personne de mon nom. Pendant ce temps, je cherchais de mon côté un moyen de faire prévenir quelqu'un de mes amis ; ce fut le docteur Gerty qui m'en procura lui-même l'occasion, que je ne laissai pas échapper.

Comme il avait l'intention de m'expédier dans un autre asile ou, comme il l'a déclaré plus tard, de me faire déporter, il me demanda où j'avais mes effets et mes bagages afin de me les faire chercher. Au lieu de lui donner alors l'adresse où il aurait trouvé tout cela, je lui donnai celle de mon ami Baumann, qui vit arriver chez lui un employé du P. H. réclamant mes bagages ; il comprit aussitôt ce qui se passait et accourut à l'asile pour me demander. On lui répondit qu'on ne m'y connaissait pas ; mais il ne se tint pas pour battu

et se rendit au consulat de Suisse pour y déclarer mon internement. Le consul lui-même
s'en vint au P. H. Dès sa première intervention, le docteur Gerty, craignant qu'il ne sai-
sît la presse de mon affaire, prit les devants et
annonça mon internement. Ce fut alors seulement que je pus recevoir des visites.

Reconnu fou par le directeur général de cet
hôpital à la demande de Madame Rockefeller,
que dis-je, fou : fou furieux particulièrement
dangereux ! Je l'appris en lisant les journaux
qu'on m'apportait. Tous donnaient en première page ma photographie sur deux
colonnes, à côté de celle de Madame Rockefeller. C'était le fait du jour, et des articles
m'étaient consacrés, apprenant au public et à
moi-même que je constituais un danger pour
la société et pour Madame Rockefeller en particulier.

Je n'en revenais pas ! Il me fallut relire
plusieurs fois les journaux pour bien me con-
vaincre que je ne rêvais pas. Puis je m'inter-
rogeai sérieusement. Mais non ! il fallait se
rendre à l'évidence ; et cependant je n'étais
pas plus fou furieux qu'un nouveau-né, et
moins dangereux qu'une mouche.

Je cherchai alors à reconstituer le petit travail qui m'avait fait interner : ce ne fut pas
difficile. Quand Madame Rockefeller et son
petit ami Monsieur Krenn eurent reçu les

lettres où je leur demandais de me procurer du travail, l'idée que je me trouvais à Chicago leur fut très désagréable; ils avaient peur sans doute que je bavarde. Madame Rockefeller, qui, comme plusieurs autres grosses têtes d'Amérique, se croit tout permis en Europe, jusqu'aux attentats contre la morale puérile et honnête, et parfois contre la nature, est très pudibonde et très « collet-monté » aux Etats-Unis. Il fallait donc me rayer de la liste des vivants.

Ne vous récriez pas, c'est très américain, et, en tout cas, très « fille de milliardaire ». Tous sont persuadés que leur argent leur permet tout, et les met au-dessus des lois de leur pays, de leur conscience (s'ils en ont). Comme il fallait me faire disparaître, il est assez naturel que leurs détectives privés, hommes à tout faire, leur aient indiqué comme rapide, pratique et sûr le moyen de me faire interner comme fou. En effet, il s'en fallut de bien peu que je ne disparaisse jusqu'à la fin de mes jours dans un des sombres asiles d'incurables d'Elgin ou de Kankakee d'où l'on ne revient jamais.

Pour moi, il me fallait trouver le moyen de sortir du P. H. Les premiers jours je fus bien inquiet sur le sort qui m'était réservé ; mais heureusement, parmi les infirmiers de service se trouvait un Russe qui, m'ayant observé et ayant lié conversation avec moi, trouva étrange que je fusse interné comme fou furieux. Il me disait que j'avais l'air aussi sain d'esprit que lui-même, mais il ajoutait aussitôt, en guise de consolation, qu'il craignait fort, dans ces conditions, que je ne reste enfermé toute ma vie, comme cela arrive fréquemment aux Etats-Unis.

Cela ne me consolait point, on s'en doute !

Fort heureusement, le consul de Suisse à Chicago avait pris mon affaire à cœur. Le docteur Schwendimann — c'était son nom — se montra pour moi aussi dévoué qu'un frère. Il me parla longuement et très affectueusement, mais me confirma, dès le premier jour, qu'étant donné les mœurs américaines et les puissants personnages à qui j'avais affaire, il serait très difficile, sinon impossible, de me faire libérer. Il me promit néanmoins de faire tout ce qui serait en son pouvoir et voulut bien se charger de mettre au courant de ma situation des amis que j'avais à Chicago, en les priant de venir me voir — ce qu'ils firent aussitôt. Grâce à eux, je pus recevoir chaque jour une bonne visite et des provisions de bouche qui m'étaient bien nécessaires. C'est à leur dévouement que je dois de n'avoir jamais perdu courage et d'avoir lutté jusqu'au jour où j'ai pu faire éclater la vérité.

Trois semaines après mon internement, à

la demande formelle du docteur Schwendimann, je passai devant la Cour du P. H. Hélas ! cette Cour était présidée par le directeur, le docteur Gerty lui-même, qui, à la demande de Madame Rockefeller, avait ordonné mon internement. Le résultat n'était pas douteux : malgré les protestations les plus vives du consul de Suisse, je fus bel et bien reconnu fou furieux et reconduit dans ma salle, au milieu de mes pauvres compagnons.

Mais le docteur Schwendimann ne se tint pas pour battu : il fit appel de ce jugement, et il fut ordonné que je passerais devant une autre Cour... mais plus tard.

Je commençais à désespérer. Combien de temps allais-je rester encore au milieu de ces fous ? Pourquoi le verdict de la deuxième Cour serait-il plus juste que celui de la première ? Etais-je pour toujours retranché du monde et condamné à vivre dans cet enfer ?

Il fallait surtout ne pas se laisser aller au désespoir, et éviter aussi la contagion de la salle commune, car je comprenais déjà comment il avait pu se faire souvent que des gens sains d'esprit enfermés avec les fous aient, au bout d'un certain temps, perdu la raison.

C'est alors que je commençai d'étudier mes compagnons de salle, de me renseigner sur eux auprès des infirmiers et de noter mes observations sur chaque cas. Ainsi passèrent vingt longs jours, au bout desquels je comparus à nouveau devant la Cour du P. H. Les conditions de ce nouveau procès n'étaient pas encore bien favorables pour moi ; les journaux, poursuivant leur campagne, parlaient toujours de mon internement en répétant que j'étais, non seulement complètement fou, mais, plus encore, très dangereux. Pourtant, cette fois, la Cour était présidée par le juge du district. Aussi le docteur Gerty, qui soutenait l'accusation, craignait-il que ce magistrat ne voulût pas prononcer mon internement définitif. Il demanda, au cas où il ne serait pas prononcé, ma déportation immédiate en Suisse, mon pays d'origine.

De mon côté, j'étais assisté par notre consul, le docteur Schwendimann, ainsi que par plusieurs personnes qui me connaissaient. Aucune d'entre elles ne fut autorisée à témoigner !

Le docteur Gerty, directeur de l'asile, recommença l'exposé de ma maladie et des raisons pour lesquelles je devais être interné, ou déporté en Suisse.

— Cet homme, disait-il, n'a pas l'aspect d'un déséquilibré ; il n'en est pas moins fou furieux et doit être considéré comme particulièrement dangereux : il est atteint de « Paranoïd dementia præcox » ou : folie délirante précoce des dégénérés.

Le juge parut convaincu par ces termes savants et péremptoires, et, pour la deuxième fois, la Cour donna raison au docteur Gerty, en confirmant ma folie et en ordonnant mon internement définitif ou ma déportation immédiate.

C'était la fin, car, une fois interné à Elgin ou à Kankakee, il ne me restait plus aucun espoir de jamais recouvrer la liberté.

Ce fut encore une fois mon consul qui me sauva ; mais je ne puis penser sans une terrible révolte que, si je n'avais pas eu le secours du docteur Schwendimann, avec tout le poids que donnait à son intervention sa fonction de consul d'une puissance étrangère ; si, par exemple, j'avais été un pauvre bougre d'Américain quelconque, j'étais condamné au plus infâme supplice et à la plus cruelle des morts.

Le docteur Schwendimann, donc, au prononcé de l'arrêt de la Cour, s'avança à la barre et déclara que, s'agissant d'un citoyen suisse, il faisait toutes réserves au nom de son gouvernement sur l'exécution de ce jugement et particulièrement sur le manque de garanties que présentait la Cour qui l'avait rendu. Il exigeait ma comparution devant un tribunal spécial, avec un jury composé d'hommes compétents, professeurs et médecins n'appartenant pas au personnel du Psychopathic Hospital.

Après une discussion longue et mouvementée, le County Judge donna satisfaction à mes défenseurs et ordonna ma comparution devant une Cour spéciale, composée ainsi qu'ils le demandaient. Je respirai.

Au lieu donc d'être emmené aussitôt vers l'asile des incurables, je fus dirigé à nouveau vers la salle commune, où je trouvai mes compagnons d'infortune, avec lesquels j'allais passer encore une quinzaine de jours.

Le soir même, les journaux de Chicago annonçaient à leurs lecteurs la décision de la Cour confirmant ma folie furieuse et je continuais, pour chasser le cafard, à rédiger mes observations sur mes camarades de salle.

A vrai dire, mon angoisse était bien calmée, car le pire maintenant qui pût m'arriver était qu'on ordonnât ma déportation, et je savais qu'en Suisse la puissance de l'or des Rockefeller ne s'étend pas jusqu'à acheter des médecins de mon pays. Mais que serait ma vie et comment trouver une place après avoir été déporté comme fou dangereux ? Aucune réhabilitation postérieure n'effacerait cela ! Mes pensées étaient bien amères.

Je me décidai à demander une entrevue au directeur de l'asile, et à savoir qu'il croyait avoir le droit de se faire l'instrument d'une vengeance particulière, au mépris de son devoir professionnel.

Il me reçut le jour même dans son bureau, où notre entretien se prolongea plus d'une heure.

— Docteur Gerty, lui dis-je, vous savez très bien que je ne suis pas fou ; d'ailleurs tous les moyens, plus ou moins prohibés, que vous avez employés pour me faire passer comme tel échoueront. Vous vous en rendez compte, puisque vous venez de demander ma déportation pour le cas où le juge se refuserait à me reconnaître fou furieux.

« Vous savez bien, docteur Gerty, que c'est un crime odieux d'interner un homme sain d'esprit parmi les fous : renoncez à votre entreprise, je vous en supplie : on ne parlera plus de rien, je passerai l'éponge sur le passé, mais rendez-moi ma liberté, comme j'en ai le droit et comme c'est votre devoir.

— Monsieur Ammann, me répondit-il sèchement, je ne peux pas vous libérer, la loi des Etats-Unis ne me le permet pas. Le pourrais-je même que je ne le ferais pas, car je suis convaincu que vous êtes atteint de la maladie nommée « Paranoïd dementia præcox ». D'ailleurs, la question ne se pose pas aujourd'hui puisque vous allez bientôt passer devant la Cour spéciale qui, je le sais déjà, vous fera déporter en Suisse.

— Ah ! docteur Gerty, m'écriai-je, vous savez déjà que je serai déporté ! Vous connaissez d'avance le verdict de la Cour ! C'est parfait ! Et cela me confirme tout simplement ce que j'ai compris dès le premier jour de mon internement, à savoir que vous n'êtes pas autre chose que l'instrument de mon ex-patronne Madame Rockefeller.

« Eh ! bien, je trouve honteux pour un homme de science, pour un médecin comme vous, de commettre le crime moral dont vous vous êtes chargé, et c'en est un, car vous n'ignorez pas que je suis marié et père de famille. Pourquoi — si vous êtes sincère — m'avez-vous attiré dans votre asile par des moyens qui sont illégaux, même aux Etats-Unis ?

« Pourquoi, lors de notre première entrevue, lorsque je vous disais : « Docteur, vous savez très bien que ce n'est pas ma place ici, à moi qui ne suis ni fou ni nerveux », pourquoi m'avez-vous répondu : « Si vous ne voulez pas entrer de votre bon gré, je vous ferai entrer de force » ?

« Et puis, si vous aviez cru, vous, que j'étais fou furieux, ferez-vous jamais croire à quelqu'un qu'on ne m'ait ni visité, ni fouillé à mon entrée, comme c'est la règle à votre hôpital ? Ferez-vous croire à quelqu'un qu'on ait laissé à un fou dangereux, pendant tout son séjour, un solide couteau de poche comme le mien, et quantité d'autres objets que les autres, même les « innocents » ou les gâteux, n'ont pas le droit de garder sur eux ?

« Enfin, docteur, nous voici tous deux, seuls, entre quatre murs. Est-ce que, si vous pensiez que je suis fou furieux, vous me recevriez ainsi, alors que rien ne m'empêche de vous sauter à la gorge, car mes muscles valent largement les vôtres ?

— Ce n'est pas moi, me répondit alors le docteur Gerty, un peu troublé, ce n'est pas moi qui ai voulu cela, Monsieur Ammann ; c'est votre ancienne patronne qui désire que vous disparaissiez des Etats-Unis, car elle a peur de vous. C'est pour cette raison que nous avons décidé de vous faire déporter.

— Docteur Gerty, tout cela est de la comédie ! Je ne vois pas pourquoi mon ancienne patronne pourrait avoir peur de moi : de toute ma vie, je n'ai jamais été méchant, ni fait de mal à personne. Peut-être étais-je gênant pour elle et pour une autre personne, car je suis au courant de bien des choses de leur vie privée, mais je n'ai jamais parlé à personne de cette vie privée, vous en êtes témoin, et ne le ferai que s'ils me mettent dans le cas de défendre ma vie, ma liberté et mon honorabilité ; et il est possible qu'après le traitement qu'ils viennent, avec votre complicité, de me faire endurer, je prenne le public à témoin contre eux et contre vous.

Quoi qu'il doive arriver, j'étais venu aux États-Unis pour travailler et non pour faire du mal à qui que ce soit, rien ne justifiait donc les mesures arbitraires dont je viens d'être la victime.

« Quant à vous, docteur Gerty, votre conduite est abominable, car vous vous êtes prévalu de votre titre de médecin pour mentir et faire interner un homme sain d'esprit. Avez-vous touché une récompense pour faire cela ? Ne le sachant pas, je ne puis vous accuser de corruption, mais souvenez-vous que vous méritez le mépris de tous les honnêtes gens pour avoir agi de la sorte.

— Mais, Monsieur Ammann...

— Laissez-moi finir. Vous m'avez d'abord déclaré fou furieux, puis atteint de « Paranoïd dementia præcox » ; aujourd'hui, après avoir réclamé mon internement définitif dans un asile d'incurables, vous demandez ma déportation. Faites donc tout ce que vous voudrez, j'attendrai, puisqu'il en est ainsi, mon prochain jugement et vous verrez que, malgré votre parti-pris, malgré vous-même et malgré les millions de dollars de Madame Rockefeller, la vérité éclatera et justice me sera rendue avec la liberté. »

Sur ces paroles, et sans attendre de réponse, je quittai le bureau du directeur pour retourner à la salle des fous. J'avais parlé comme un sage... un sage en colère, bien entendu.

C'est le 14 août 1923, après une audience qui dura de dix heures du matin à cinq heures du soir, que le jury, composé de professeurs et de médecins, et la Cour, présidée par le grand « judge » Edmund K. Jarecky, décidèrent de mon sort. L'accusation était soutenue par le docteur Gerty et par l'avocat de mon ex-patronne, Madame Rockefeller. Ma défense était assurée par l'avocat officiel du consulat de Suisse, M° Lucius, et j'avais comme témoins de moralité le consul, docteur Schwendimann, Mademoiselle Emma Buckel, l'ancienne secrétaire de Madame Rockefeller, ainsi que plusieurs de mes amis.

La salle était comble, ainsi qu'aux plus grands procès. On y voyait quantité de femmes de la haute société, amies de Madame Rockefeller, et un grand nombre de journalistes.

Aussitôt après l'interrogatoire d'identité, le docteur Gerty prit la parole ; il parla près de deux heures sans interruption, malgré les signes d'impatience que donnait le juge Jarecky.

— Messieurs, disait mon tortionnaire, Ammann, que vous voyez ici, est un homme très dangereux, bien qu'il n'en ait nullement l'apparence. C'est qu'il est atteint de la folie délirante précoce des dégénérés, *Paranoïd*

Dementia Præcox. Quelque paisible qu'il vous apparaisse en ce moment, Messieurs, il représente cependant un véritable danger public, et en particulier pour Madame Edith Rockefeller, qui le craint à juste titre. Durant son internement dans mon asile, je lui ai fait subir deux examens très longs, très sérieux, qui ont donné l'un et l'autre le même résultat positif.

« Et comment voulez-vous qu'il en soit autrement ? Ammann m'a dit plusieurs fois qu'il entendait des voix surnaturelles ! Notez, en outre, qu'il a beaucoup voyagé. Cet homme a vécu à plusieurs reprises aux colonies, notamment à Madagascar et à l'île Maurice. Il est évident qu'un homme qui a été ainsi victime des tropiques (*sic*) ne peut pas être normal comme un homme dont la vie s'est écoulée, régulière, dans un pays tempéré... »

Le docteur Gerty développa cette thèse pendant près d'une heure encore, et conclut en demandant aux jurés de se prononcer absolument, soit pour mon internement définitif, soit pour ma déportation immédiate.

L'avocat de Madame Rockefeller prit ensuite la parole pour appuyer les arguments du docteur Gerty et affirmer, lui aussi, que j'étais un danger public. Puis il se rangea aux mêmes conclusions : internement ou déportation.

Ce fut alors le tour de mon défenseur, M⁰ Lucius. Lorsqu'il se leva, on entendit dans la salle courir comme une petite rumeur d'approbation. Cela me donna quelque espoir.

— Messieurs les jurés, dit mon défenseur, veuillez, je vous prie, fixer l'homme qui est là, assis au banc des accusés. Contrairement aux affirmations qu'on vient de vous apporter, mon client n'est pas fou ; il est, tout au contraire, d'une intelligence claire. Je l'ai remarqué personnellement au cours des entretiens que j'ai eus avec lui. L'honorable consul docteur Schwendimann non seulement partage mon opinion, mais il vous apportera tout à l'heure des preuves de l'équilibre et de la santé mentale de Monsieur Ammann. Mademoiselle Buckel, ancienne secrétaire de Madame Rockefeller, que nous vous demanderons d'entendre à son tour, sera non moins formelle lorsqu'elle apportera à la barre des faits prouvant qu'on ne peut pas nous accuser de folie.

« Je ne veux pas abuser de votre temps en faisant un long discours ; d'ailleurs, les faits parlent d'eux-mêmes. Que chacun de vous pose une question à mon client : vous verrez bien alors vous-mêmes que l'ancien chauffeur de Madame Rockefeller est un homme intelligent, qui ne présente aucun signe de folie furieuse ni d'aucun trouble mental.

« Aussi serait-ce une honte pour notre justice des Etats-Unis de le laisser enfermé parmi nos fous. Quant à la déportation, je fais dès maintenant toutes réserves, et j'interviendrai, s'il y a lieu, car elle est illégale dans son cas, et c'est notre code même qui nous interdit d'avoir recours à ce procédé que suggère l'accusation.

« Mais voyons les arguments qu'a apportés le docteur Gerty. Mon client est une victime du soleil d'Afrique ? C'est une odieuse et ridicule calomnie. D'ailleurs, comment le docteur Gerty peut-il prouver que mon client a vécu aux colonies ? Comment peut-il prouver qu'il ait jamais été malade dans ces pays-là ? J'admets qu'Ammann a beaucoup voyagé : est-ce une raison suffisante — je ne parle même pas de preuves — est-ce une raison suffisante pour le déclarer fou ? Nous autres Américains, nous voyageons beaucoup dans tout l'univers pour développer notre commerce, et nous ne devenons pas fous pour cela. Et ne sommes-nous pas, d'ailleurs, par notre ascendance, les fils de ces grands et hardis voyageurs qui, de tous les pays du Vieux Monde, sont venus s'installer aux Etats-Unis ?

« Non, Monsieur le grand juge et Messieurs les jurés, pour déclarer un homme fou furieux, il faut apporter des preuves autrement solides que les arguments du docteur Gerty. Ce que je vois de plus clair dans cette affaire, c'est qu'elle comporte des dessous mystérieux, des ressorts inconnus, par lesquels on essaye de mettre en mouvement la justice de notre pays pour couvrir des buts d'intérêt personnel qui ne sont peut-être pas très honorables, puisqu'on les tient si bien cachés.

« En effet, que cherchent nos adversaires ? Ils cherchent uniquement, et par tous les moyens, à se débarrasser de mon client. D'une façon ou d'une autre, il faut qu'il disparaisse. On le déclara d'abord tout simplement fou furieux. Puis, voyant qu'il est difficile et même absurde et, par conséquent impossible, de soutenir devant une Cour de justice pareille énormité, le docteur Gerty trouve un beau nom latin, la « *Paranoïd Dementia præcox* ». Cela fait impression ! Mais pas à vous, Messieurs ! Le docteur Gerty fait mieux encore: il prétend que mon client lui a déclaré qu'il entendait des voix divines.

« Le docteur Gerty poursuit son plan, lequel est de faire disparaître mon client. Il voit que personne de sérieux et de juste ne reconnaîtra en Monsieur Ammann un fou furieux. *Il demande la déportation immédiate.* Messieurs les jurés, je vous ai avertis que la loi américaine ne permettrait pas la déportation dans notre cas : elle n'est en effet applicable qu'aux anarchistes. Je rends donc le jury responsable du verdict qu'il donnera dans cette affaire. »

La plaidoirie de M° Lucius me sembla faire une forte impression sur le jury et sur l'assistance. Il s'était montré très habile en étant très énergique, et en plaçant la question sur son vrai terrain, c'est-à-dire en attaquant à fond plutôt qu'il ne se défendait. On entendit encore les témoignages du docteur Schwendimann et de Mademoiselle Buckel, puis le grand juge Jarecky, à la demande des jurés, me posa diverses questions pour se rendre compte de la façon dont je répondais et le jury se retira pour délibérer.

La délibération dura deux heures et mon angoisse augmentait. M° Lucius et le docteur Schwendimann eux-mêmes étaient inquiets, car le bruit courait qu'un des jurés s'était absenté pour aller voir Madame Edith Rockefeller. Enfin, le jury rentra dans la salle d'audience. Chacun reprit sa place et un grand silence s'établit. Les jurés étaient encore plus graves qu'auparavant. L'assistance attendait le verdict avec une fébrile impatience.

Lentement, le grand juge Jarecky prit l'enveloppe, fit sauter les cachets, déplia la feuille, toussa, regarda le public et lut d'une voix forte le délibéré suivant :

« Attendu que l'accusé ne donne aucun signe de folie ni de maladie mentale ;

« Attendu que l'accusation ne se trouve pas fondée ;

« Attendu qu'il n'existe aucune preuve que l'accusé puisse par la suite devenir dangereux ;

« Attendu que l'accusé ne se trouve pas sous le coup de la loi de déportation ;

« Pour ces motifs,

« Le jury, réuni au nombre de sept membres, et par six voix,

« Ordonne :

« Monsieur Emile-Louis Ammann, ancien chauffeur de Madame Edith Rockefeller Mc Cormick, sera purement et simplement, et immédiatement remis en liberté. »

J'étais donc libre ! Rendu à la vie normale, redevenu un homme comme les autres ! On comprendra la joie qui m'inondait à cette minute émouvante qui venait de décider d'une existence et de voir la vérité triompher de toutes les puissances d'argent, si fortes cependant, que j'avais presque pu désespérer à certains moments. Je me rappelle confusément l'émotion de mon avocat, du bon docteur Schwendimann et de la petite Emma Buckel ; les applaudissements et les félicitations de l'assistance, le déclic des appareils photographiques de tous les reporters, déclic éclatant comme une bande de mitrailleuse ; puis ma sortie dans la rue, entouré de mes amis... et des détectives privés aux gages de mon ancienne patronne, qui me reprenaient en filature.

Les journaux du lendemain, qui donnaient tous de longs comptes rendus de l'audience de la veille approuvant le verdict du jury, se révélaient pleins de sympathie pour moi. C'était un revirement inattendu.

De toutes les aventures que j'ai eues au cours d'une vie pourtant bien mouvementée, celle du Psychopathic Hospital de Chicago est certainement la plus dramatique et la plus pénible.

J'en avais assez de Chicago et de l'Amérique, et j'éprouvais le besoin de changer d'air, plutôt par lassitude et dégoût que par crainte de ce qui pourrait m'y arriver encore car, de ce côté, j'étais rassuré par la présence constante des détectives de Madame Rockfeller.

Le matin ils venaient, comme ils disaient, me « lever », et ils ne me quittaient que le soir lorsque j'étais rentré à mon hôtel. L'un d'eux même avait loué à cet hôtel la chambre voisine de la mienne. Je le connaissais, et nous n'étions pas mal ensemble. C'est lui-même qui me dit un soir qu'il ne me voulait aucun mal, mais qu'il était en service commandé, et qu'il exerçait cette surveillance avec ses deux collègues de jour par ordre de la Rockefeller.

Peu de jours donc après ma libération, je décidai de rentrer en Europe et regagnai New-York pour y embarquer sur le premier paquebot à destination du Havre, après avoir, sans regrets, dit un adieu définitif à Chicago.

Toute cette histoire, comme on pense, n'avait pas été sans faire du bruit, et il ne manqua pas de journalistes ni d'avocats pour me demander des interviews sensationnelles ou pour m'offrir de plaider un procès en dommages-intérêts. Et j'aurais peut-être attaqué mon ancienne patronne devant les tribunaux, tant pour obtenir réparation d'un préjudice certain que pour le plaisir d'avoir publiquement raison contre elle et de lui faire payer un peu tout ce qu'elle m'avait fait souffrir. Mais j'en avais assez de Chicago et de l'Amérique et j'avais peur, oui, peur — pourquoi ne pas l'avouer ? — d'un nouvel attentat contre ma liberté ou même ma vie. Je filai donc à New-York pour m'y embarquer.

J'ai bien essayé, par la suite, de reprendre cette affaire et je m'adressai, de France, à l'avocat Burry, qui était décidé à plaider cette cause sensationnelle, mais le procès n'eut jamais lieu. Un autre avocat, à qui je m'adressai par la suite, ne fit pas mieux que le premier. Je compris qu'avec les milliards de mon adversaire, c'était la lutte du pot de terre contre le pot de fer, et je finis par où j'aurais dû commencer et renonçai à toutes poursuites.

Dès mon arrivée à New-York, je trouvai de l'embauche à bord d'un transatlantique partant pour Le Havre le lendemain, et fis avec joie mes adieux aux Etats-Unis. Mais quand je dis que j'avais peur d'y laisser ma peau, on va voir que mes craintes n'étaient pas si ridicules.

Il était environ minuit, et je passais sous l' « Elevated » (métropolitain aérien), au coin de Fulton Street, lorsque deux jeunes gens me dépassèrent en courant à fond de train : je m'effaçai contre le mur pour éviter d'être bousculé et, au même instant, j'entendis deux coups de revolver : une balle m'effleura et alla s'écraser contre les charpentes métalliques de la voûte du métro, l'autre passa un peu plus loin, mais je l'entendis siffler. J'étais à peine remis de mon émotion qu'un policemann accourait, tenant encore son revolver au poing. Il me demanda si j'avais vu de quel côté avaient filé les deux jeunes gens, et tira encore deux coups de revolver au hasard dans la direction que je lui indiquais. J'avais de moins en moins de goût pour l'Amérique ! Le lendemain j'embarquais et quelques jours plus tard, après avoir travaillé à bord pour gagner mon passage, je mettais le pied sur la terre française.

En attendant l'arrivée de ma famille, qui était toujours à l'île Maurice, je contractai un nouvel engagement avec la Transatlantique et j'embarquai sur le *Caroline* en partance pour La Havane et la Nouvelle-Orléans.

Ce fut encore un voyage mouvementé et, dès le premier jour de mer, un Espagnol me donna un coup de poignard dans le haut de la cuisse. Le coup était bien appliqué et il s'en fallut de peu qu'il ne tranchât l'artère fémorale : j'en fus quitte pour quinze jours de lit et j'étais remis sur pied lorsque nous arrivâmes à La Havane.

Le 6 novembre, à onze heures, le *Caroline*, mouillé sur rade, après les formalités d'usage, commença les opérations de dératisation des cales par des fumigations au gaz cyanhydrique. Ces opérations, dirigées par un médecin du service de la Santé cubaine, portaient sur les cales 1, 3 et 4 ; la cale 2 ne devait être faite qu'après le débarquement des 172 passagers. Malheureusement, par un défaut d'étanchéité, les gaz envahirent le compartiment des machines où se trouvaient encore un officier mécanicien, un électricien et deux chauffeurs.

Ces cinq malheureux devaient y trouver la mort. Bien que tout secours parût impossible, je voulus cependant essayer de sauver les camarades, et je descendis en retenant ma respiration ; le premier corps que je vis respirait encore : je lui nouai sous les épaules le bout du filin qu'on me tendait d'en haut, et remontai en titubant, suffoqué. L'air pur du pont me rendit le souffle, et je me mis à respirer normalement. J'en profitai pour tenter aussitôt une deuxième .descente, mais cette fois les gaz, qui avaient commencé leur effet, furent les plus forts ; je perdis connaissance et tombai d'une hauteur de cinq mètres sur les grillages de la machine, où je restai évanoui, m'étant fait une profonde blessure à la tête.

Durant ma chute et mon évanouissement, on avait réussi à ouvrir les cales, et les gaz mortels s'échappèrent : les travaux de sauvetage s'organisèrent et les victimes furent remontées sur le pont. Il y en avait vingt, plus ou moins gravement atteintes : six cadavres, hélas... dont le mien !... J'étais compté parmi les morts, et c'est au moment d'être mis en bière comme les autres que l'ami qui m'avait retiré ma bague et coupé une mèche de cheveux pour les envoyer à ma femme, s'aperçut que je respirais encore. Des soins énergiques me firent revenir à la vie. Le médecin du bord, qui se dépensait sans compter, finit par me guérir.

Après huit jours d'infirmerie, je me retrou·
vai sur pied, au grand étonnement du bon
docteur, qui répétait — j'avais entendu cette
phrase déjà — : « Ammann, vous êtes un phénomène de la nature ; vous voici, après deux
accidents mortels, comme si rien ne s'était
passé. Il faut croire que le diable ne veut pas
de vous... ni le bon Dieu... Il vous faudra
encore rester sur la terre. »

La terre !... J'avais grande envie d'y mettre
enfin les pieds, mais ce ne devait pas être sans
traverser de nouvelles aventures.

Une nuit, au large des îles Canaries, je suis
réveillé par la voix lugubre du matelot de
ronde qui criait dans notre poste : « Ohé ! les
gars ! Tous debout ! »

Il était deux heures du matin, je bondis de
ma couchette sur mes pieds, tandis que le
matelot ajoutait sinistrement et d'un ton à
vous glacer le sang dans les veines : « Courage ! »

— Qu'y a-t-il donc ? lui dis-je en m'équi-
pant au milieu du bruit confus des camarades
réveillés comme moi.

Il avait déjà disparu vers le pont et j'entendis sa voix caverneuse qui criait, en s'éloi-
gnant :

— Il y a le feu !

Quelle chose curieuse qu'un semblable
réveil ! Un vieux matelot pleurait et reniflait

comme un enfant ; un tout jeune faisait sa prière à haute voix, plusieurs préparaient leurs valises comme si le bateau était à quai. Un autre refusait de se lever, disant avec un calme étrange que cela ne changerait rien à la situation. C'était un sage. Quoi qu'il en soit, et tant bien que mal, au bout de quelques minutes tout l'équipage se trouva sur le pont, couvert d'une âcre fumée : c'était dans des cabines inoccupées, où l'on avait entassé des matelas, que le feu avait pris. La situation n'était pas très grave puisque, au bout de deux heures, nous étions maîtres de l'incendie.

Les passagers n'avaient pas été avertis. Mais, réveillés presque tous par le va-et-vient des manœuvres, ils s'étaient levés et montaient sur le pont. Tout se calma par la suite.

A quatre jours du Havre, un nouvel incendie se déclara dans les soutes, mais, grâce au ciel, on put le cacher aux passagers. Il fut éteint rapidement et... silencieusement.

Ah ! mon arrivée au Havre ! Le pied sur la terre de France ! Quel bonheur profond pour tout mon être, quelle joie de me sentir, après tant de dangers, de tribulations, sain et net, plein de force et prêt encore à la lutte.

A peine à terre, je fus appelé au bureau de la Compagnie Transatlantique. Le directeur me félicita de ma conduite et me remit une lettre ainsi conçue :

COMPAGNIE GÉNÉRALE
TRANSATLANTIQUE

—

LE DIRECTEUR GÉNÉRAL

—

Paris, 15 janvier 1924.

Monsieur,

« Nous avons appris avec satisfaction que, lors des pénibles circonstances dans lesquelles s'est effectuée la dératisation de la *Caroline*, vous avez témoigné d'un remarquable esprit de dévouement et du plus louable courage pour sauver les membres de l'état-major et de l'équipage atteints par les gaz.

« Nous vous en exprimons nos plus chaleureuses satisfactions et tenons à vous informer que nous avons décidé de vous décerner, en cette occasion, un témoignage officiel de satisfaction avec inscription au dossier.

« Veuillez agréer, Monsieur, nos cordiales salutations.

« *Signé :* TILLIER. »

Peu de jours après mon débarquement du *Caroline*, j'eus le bonheur de retrouver ma femme et mes enfants, qui revenaient de l'île Maurice. Après les plus tendres élans, je décidai, d'accord avec ma femme, de chercher un emploi à la campagne, de manière à mener enfin une vie tranquille, bonheur bien mérité après douze ans d'une vie échevelée à travers le monde et ses embuches.

Me revoilà chauffeur, mais chauffeur chez des gens simples qui ignorent Freud, les milliards, la psychanalyse et les asiles de fous, et qui doivent trouver que les Etats-Unis sont un grand pays.

Les patrons chez lesquels je travaille sont de bonnes gens.

Il y a quelque agrément à se dévouer pour des personnes qui aiment leurs serviteurs. Je vis avec les miens — simplement — et je n'ai plus la bougeotte.

FIN